傈僳族在这片高山林立、峡谷纵横的世外桃源中繁衍生息,靠山吃山,靠水吃水,吃山养山,吃水养水,形成了朴素的生态生存理念。在漫长的历史发展过程中,他们以自己的理念、智慧、勤劳和追求,不仅为人类创造了独特的文明,也为子孙保存了极其珍贵、无法复制的大美的自然遗产。

走近中国少数民族丛书　主编/丹珠昂奔

傈僳族 Lisuzu

鲁建彪　欧光明　著

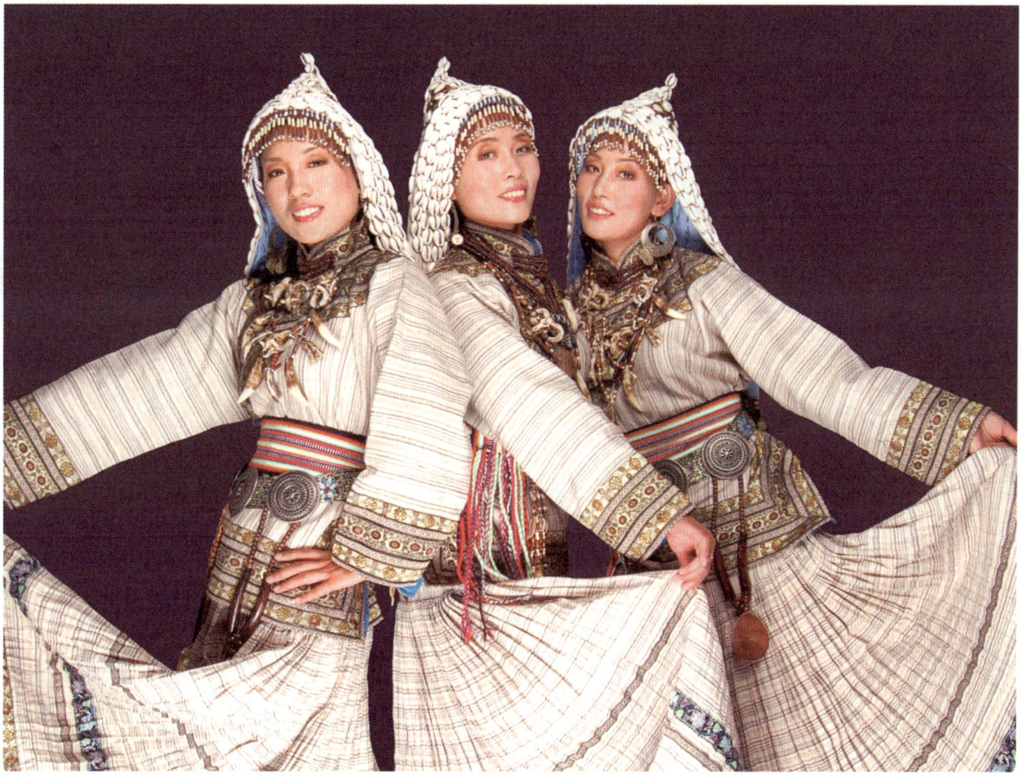

辽宁民族出版社

© 鲁建彪　欧光明　2014

图书在版编目（CIP）数据

傈僳族 / 鲁建彪，欧光明著. —沈阳：辽宁民族出版社，2014.12（2020.5重印）
（走近中国少数民族丛书 / 丹珠昂奔主编）
ISBN 978-7-5497-0937-3

Ⅰ.①傈… Ⅱ.①鲁… ②欧… Ⅲ.①傈僳族 — 民族历史 — 中国 ②傈僳族 — 民族文化 — 中国 Ⅳ.① K285.6

中国版本图书馆CIP数据核字（2014）第310516号

走近中国少数民族丛书·傈僳族
ZOUJIN ZHONGGUO SHAOSHU MINZU CONGSHU·LISUZU

丛书策划／李凤山

出版发行者：	辽宁民族出版社
地　　　址：	沈阳市和平区十一纬路25号　邮编：110003
印　刷　者：	晟德（天津）印刷有限公司
幅面尺寸：	170mm×240mm
印　　张：	11.75
字　　数：	170千字
出版时间：	2014年12月第1版
印刷时间：	2020年5月第2次印刷
责任编辑：	李凤山　吴昕阳　白兰英
封面设计：	杜　江
责任印制：	杨　雪
责任校对：	边京爱

标准书号：ISBN 978-7-5497-0937-3
定　　价：38.00元

网　　址：www.lnmzcbs.com　　　　邮购热线：024-23284335
淘宝网店：http://lnmz2013.taobao.com
如有印装质量问题，请与出版社联系调换　　联系电话：024-23284340

《走近中国少数民族丛书》编辑委员会

主　编／丹珠昂奔（藏族）

副主编／武翠英　张学进　李凤山（蒙古族）

编　委／（按姓氏音序排列）

　　　巴哈提（哈萨克族）　　白庚胜（纳西族）　　白兰英（蒙古族）

　　　陈　丹（彝族）　　　　杜　江　　　　　　黄如猛（壮族）

　　　金顺玉（朝鲜族）　　　李　璜　　　　　　李　欣（朝鲜族）

　　　李有明（回族）　　　　吕　怡　　　　　　莫福山（藏族）

　　　权春哲（朝鲜族）　　　萨仁图娅（蒙古族）　佟　强（蒙古族）

　　　吴昕阳（满族）　　　　徐　凯　　　　　　殷德俭

　　　张学林（朝鲜族）　　　钟廷雄（壮族）　　　朱　虹（蒙古族）

《走近中国少数民族丛书》作者名录

《蒙古族》 萨仁图娅（蒙古族）

《回族》 许宪隆（回族） 张龙（汉族）

《藏族》 丹珠昂奔（藏族）

《维吾尔族》 艾克拜尔·吾拉木（维吾尔族）
　　　　　　买力克·买买提（维吾尔族）
　　　　　　伊利迪尔（维吾尔族）

《苗族》 石莉芸（苗族） 李云兵（苗族）

《彝族》 陈国光（彝族）

《壮族》 黄佩华（壮族）

《布依族》 周国炎（布依族）

《朝鲜族》 黄有福（朝鲜族）

《满族》 于今（满族）

《侗族》 杨筑慧（侗族）

《瑶族》 玉时阶（壮族）

《白族》 董建中（白族）

《土家族》 罗中（土家族） 罗午（土家族）

《哈尼族》 朱志民（哈尼族） 李泽然（哈尼族）

《哈萨克族》 艾克拜尔·米吉提（哈萨克族）
　　　　　　伊拉达·拉音别克（哈萨克族）

《傣族》 赵瑛（傣族）

《黎族》 罗文雄（黎族）

《傈僳族》 鲁建彪（傈僳族） 欧光明（傈僳族）

《佤族》 郭锐（佤族）

《畲族》 钟亮（畲族）

《台湾少数民族》 林华（台湾少数民族）

《拉祜族》 苏翠薇（拉祜族）

《水族》 韦学纯（水族）

《东乡族》 马兆熙（东乡族） 马自祥（东乡族）

《纳西族》 白庚胜（纳西族） 孙淑玲（汉族）
　　　　　　白羲（纳西族）

《景颇族》 金黎燕（景颇族）

《柯尔克孜族》 阿地里·居玛吐尔地（柯尔克孜族）

《土族》 祁进玉（土族） 东永学（土族）

《达斡尔族》 毅松（达斡尔族）

《仫佬族》 黎学锐（仫佬族） 黎炼（仫佬族）

《羌族》 雍继荣（羌族） 罗吉华（羌族）
　　　　　周发成（羌族）

《布朗族》 陶玉明（布朗族）

《撒拉族》 马成俊（撒拉族） 马建新（撒拉族）

《毛南族》 韩德明（汉族）

《仡佬族》 周小艺（仡佬族）

《锡伯族》 阿苏（锡伯族） 盛丰田（锡伯族）
　　　　　　何荣伟（锡伯族）

《阿昌族》 们发延（阿昌族） 张斯齐（蒙古族）

《普米族》 朱凌飞（汉族） 杨周明（普米族）

《塔吉克族》 西仁·库尔班（塔吉克族）
　　　　　　阿力木江·西仁（塔吉克族）

《怒族》 李月英（傈僳族） 张芮婕（傈僳族）

《乌孜别克族》 古丽巴努木·克拜吐里（维吾尔族）

《俄罗斯族》 乃珂热曼·依布拉音（塔吉克族）

《鄂温克族》 黄任远（汉族） 那晓波（鄂温克族）

《德昂族》 袁丽华（汉族） 王燕（汉族）

《保安族》 马少青（保安族）

《裕固族》 董潇红（裕固族） 王政德（藏族）

《京族》 吕俊彪（汉族）

《塔塔尔族》 卡米力·库尔马尤夫（塔塔尔族）

《独龙族》 李金明（独龙族）

《鄂伦春族》 王为华（汉族）

《赫哲族》 黄任远（汉族）

《门巴族》 陈立明（汉族） 张媛（汉族）

《珞巴族》 陈立明（汉族） 李锦萍（汉族）

《基诺族》 朱映占（汉族）

总序

中国是一个统一的多民族国家。几千年来，有着悠久历史和灿烂文化的少数民族，与汉族一道，在中华大地上繁衍生息，共同开发着这块土地，建设、发展、捍卫着这个古老而伟大的国家。各民族都是兄弟，相互离不开，都是这个国家的主人。习近平总书记在第二次中央新疆工作座谈会上发表重要讲话，指出："要坚定不移坚持党的民族政策、坚持民族区域自治制度。民族团结是各族人民的生命线。要高举各民族大团结的旗帜，在各民族中牢固树立国家意识、公民意识、中华民族共同体意识，最大限度团结依靠各族群众，使每个民族、每个公民都为实现中华民族伟大复兴的中国梦贡献力量，共享祖国繁荣发展的成果。各民族要相互了解、相互尊重、相互包容、相互欣赏、相互学习、相互帮助，像石榴籽那样紧紧抱在一起。""要在各族群众中牢固树立正确的祖国观、民族观，弘扬社会主义核心价值体系和社会主义核心价值观，增强各族群众对伟大祖国的认同、对中华民族的认同、对中华文化的认同、对中国特色社会主义道路的认同。"因此，坚持平等、团结、互助、和谐的社会主义民族关系，不断增进了解，深化友谊，建立牢不可破的感情基础，是中国社会转型期、改革攻坚期、矛盾多发期保持社会稳定、发展的基本要求，也是实现中华民族伟大复兴的中国梦的基本要求。

为了进一步宣传我国少数民族的历史文化和民族风情，增强对少数民族的认识，宣传党的民族政策和方针，加深对党的民族政策的理解，加强各民族之间的了解与沟通，让读者了解少数民族，中华人民共和国国家民族事务委员会文化宣传司和辽宁民族出版社共同组织了《走近中国少数民族丛书》。

《走近中国少数民族丛书》的编写有以下三个特点：第一，采用图文并茂的形式、鲜活生动的语言、特色浓郁的图片与丰富的民族常识链接，向读者展示我国55个少数民族的历史渊源、民族变迁、社会生活、文化艺术、风俗习惯、历史人物和民族区域自治政策的伟大实践。第二，作者多为本民族的专家学者和与民族研究工作相关的专家学者，对自己撰述的对象既有深厚的知识积累，也有真挚的情感。第三，内容彰显了历史与现实、民族文化与地域文化、民族区域自治地方与散杂居地区少数民族生产生活的多彩画卷和轨迹，引导读者走近少数民族，聆听他们的古老传说，感受他们的发展变化，加深彼此的沟通和了解。这套《走近中国少数民族丛书》是面向民族干部和各级干部通览我国少数民族概况的普及读本，也是图书馆的必备藏书。

《走近中国少数民族丛书》所揭示的每一个民族的历史，都承载着这个民族的文化，也承载着这个民族的发展和未来。中华大地孕育的55个少数民族多彩斑斓的民族文化，同汉族文化一道从远古走到今天，汇入了中华文化壮阔的历史长河。"共同团结奋斗，共同繁荣发展"，保护、传承和弘扬少数民族优秀文化，不仅是推动我国民族团结进步事业的重要内容，也是构建和谐社会、实现中华民族伟大复兴的中国梦的重要使命。期待通过《走近中国少数民族丛书》，使广大读者徜徉于少数民族多彩风情的同时，更加深刻地了解和认知中华民族多元一体的文化内涵，感受中华民族悠久历史的深远与厚重。

丹珠昂奔

2014年6月26日

前言

傈僳族 藏在三江并流人神共居之地的神秘民族

在青藏高原东南台缘的横断山区，有着举世闻名的高黎贡山、碧罗雪山，有着被誉为"东方大峡谷"的怒江大峡谷以及"三江并流"的自然奇观，这片汇集名山大川的神奇土地，被誉为世界物种基因库、自然地貌博物馆。这里聚居着一个古老而神秘的民族，他们起源于古氐羌人，经过漫长岁月的发展，到唐代时以"栗粟"作为族称登上中国历史的舞台。

在数千年的历史发展过程中，傈僳族形成了传统的生态、生存智慧和理念，他们靠山吃山，靠水吃水，吃山养山，吃水养水，不仅创造了独特的民族文化，也为子孙保存了蓝天白云、青山绿水的自然遗产。

傈僳族是一个勇于进取、富于创造的民族。自然的阻隔挡不住他们对外面世界的向往，他们以非凡的想象力和创造力，发明了穿越高山峡谷的溜索，创造了人类交通史上的奇观——凭借一根溜索在汹涌激荡的怒江、澜沧江、金沙江等大江大河上飞驰而过。他们还建造了适应横断山地区地理气候特点的"千脚落地房"和"井干式木楞房"，告别长久的迁徙，在大山深处栖息、繁衍。

傈僳族是一个重视精神家园建设的民族。他们酷爱吟唱、舞蹈。高山绵亘，与世隔绝。夜空浩瀚，繁星低垂。他们围坐在温暖的火塘边，在最真实的人间烟火中吟唱——生命、爱情、幸福、温暖、历史、文化、奋斗、牺牲……那些流淌在一个民族的血脉中挥之不去的记忆，全都以民歌的形式传承下来。每逢农闲、节日，人们唱着"摆时"，让情感随着奔腾不息的"三江"自然流淌，让民族的历史穿越时空在山谷间回荡。歌，以特殊的语言形式记载了傈僳族悠久的历史和独特的文化。《创世纪》《生产调》《逃婚调》《种瓜调》《牧羊调》《金竹口弦调》《结婚调》《打猎调》

《种菜调》《种麦调》《盖房调》《官司调》《访亲调》《请工调》《生日调》《过年调》《丧葬歌》《祭调》《招魂歌》……这些包含生产生活细节带着泥土气息的民歌，就是傈僳人生活的真实写照。傈僳族民歌、"阿尺木刮"等已列入国务院首批国家级非物质文化遗产名录。在他们的精神家园中，内容丰富多彩、体裁形式多样、源远流长的傈僳族民间文学，亦十分耀眼夺目。

傈僳族是一个有宗教信仰和包容心的民族。他们的习俗里保留着由自然崇拜、图腾崇拜、祖先崇拜等构成的原生性传统宗教；基督教、天主教信仰则是在中西文化交融基础上形成的。阔时节、刀杆节、澡塘会等节日，传承着一个民族最盛大的仪式；多姿多彩的服饰文化，浓缩了这个民族迁徙、开放、发展的光辉历程。

傈僳族是一个英勇无畏、热爱家园的民族。对祖国、对家园的热爱，一直流淌在这个英勇民族世代沸腾的血液里。傈僳族的重要节日刀杆节，就是源自对明朝兵部尚书、抗敌御侮英雄王骥的纪念。当英国殖民者装备着世界上最先进的武器侵入片马的时候，傈僳族人组建起蓑衣兵，在头人勒墨夺扒领导下毅然拿起原始的弩弓、长刀，用血肉之躯筑起抵御外侮的长城。当日本侵略者的铁蹄踏上滇西的土地，傈僳族人又迅速组织起抗日游击队，在大队长曹保祥的带领下视死如归、义无反顾地走向反侵略的战场，用强弩毒箭射杀日本侵略军。在滇西抗日部队最艰难的时刻，傈僳族倾其所有，义无反顾地担负起救援抗日远征军，为正规军当向导、送粮秣、抬担架的神圣责任。

在旧中国，傈僳族受尽苦难和欺凌。新中国成立后，在党的民族理论政策的光辉照耀下，傈僳族人民当家做了主人，建立了1个自治州、1个自治县和23个民族乡。国家大力帮助傈僳族自治地方和傈僳族聚居的民族乡发展经济，改善民生，使傈僳族群众的生活条件发生了翻天覆地的变化，生活水平有了质的飞跃。特别是近年来，傈僳族地区经济社会发展迈上了新台阶，是有史以来经济社会发展最快、群众得实惠最多的时期；傈僳族传统民间文学、民俗风情文化、民族音乐舞蹈等非物质文化遗产得到抢救和保护，优秀的民族文化传统得到弘扬，民族文化创新得到重视和扶持，公共文化服务体系建设不断加快……实现中华民族伟大复兴的中国梦，在傈僳族地区正一步步变成现实。

目录

总序 ·· 001
前言 ·· 003

第一章　迁徙民族 ···················· 009
族称 ·· 010
源流 ·· 011
三次大迁徙 ······························ 013
人口与分布 ······························ 016

第二章　英雄壮举 ···················· 019
片马抗英 ·································· 020
全线抗日 ·································· 024

第三章　灿烂文化 ···················· 031
语言 ·· 032
文字 ·· 033
歌舞乐 ···································· 035

第四章　民间文学 ···················· 045
神话 ·· 046
民间传说 ·································· 052
民间故事 ·································· 055

第五章　独特风情 ···················· 059
农耕与饮食 ······························ 060
姓氏及命名 ······························ 066
服饰 ·· 070
建筑 ·· 074

第六章　家庭婚姻 ···················· 081
家庭 ·· 082
婚姻 ·· 086

第七章　丧葬习俗 ... 093
傈僳族的死亡观和临终关怀 ... 094
丧礼程序 ... 095
丧葬禁忌 ... 098

第八章　虔诚信仰 ... 101
原生性宗教 ... 102
传入宗教 ... 105

第九章　神奇节日 ... 109
阔时节 ... 110
澡塘会 ... 115
刀杆节 ... 117
射弩会 ... 121

第十章　民族精英 ... 125
历史人物代表 ... 126
专家学者代表 ... 133
企业家及民间艺人代表 ... 137

第十一章　民族区域自治 ... 141
怒江傈僳族自治州 ... 142
维西傈僳族自治县 ... 147
民族乡 ... 149

第十二章　研究机构 ... 175
高校研究机构：云南民族大学傈僳学研究中心 ... 176
官方研究机构：维西傈僳族自治县傈僳学研究所 ... 177
学术社团组织 ... 178

参考文献 ... 181
后记 ... 182

第一章
迁徙民族

在祖国的大西南,美丽的世界自然遗产"三江并流"之地,居住着一个历史悠久,文化灿烂,古老而神秘的民族——傈僳族。傈僳族从青藏高原走来,历经三次大迁徙,六次大起义,历尽千辛万苦,是一个受尽苦难的民族。新中国成立之后,傈僳族得到了新生,先后成立了怒江傈僳族自治州,维西傈僳族自治县,真正当家做了主人。

族称

傈僳族属于古氐羌人后裔，是一个有着悠久历史的古老民族。傈僳族作为一个民族共同体，与其他民族和谐相处，共同组成了多元一体的中华民族。

"栗粟两姓蛮，雷蛮、梦蛮皆在茫部（按：茫应为邛）台登城，东西散居，皆乌蛮、白蛮之种族。"这是汉文文献最早对傈僳族族名的记载。

《蛮书》的"栗粟两姓蛮""施蛮"与"顺蛮"同为傈僳族先民，他们最迟在唐朝初年从"乌蛮"系统中分化出来，所以樊绰在公元862年前后写《蛮书》时称其为"乌蛮别种"。

在漫长的历史发展进程中，傈僳族的文字出现得很晚，所以我们只能根据汉文史籍的相关记载来探究傈僳族族称的演变轨迹。根据相关专家学者的论述，在汉文史籍中，曾经出现过的"栗粟""卢""栗些""力些""栗苏""栗""力苏""力梭""黎苏"等族称，所指向的民族共同体都是傈僳族。之所以会有数种不同的汉字写法，乃是因为汉语的同音异体字较多，不同的作者在指称傈僳族时，采用了不同的汉字来标注造成的。"傈僳"一词，始见于明杨慎编纂的《南诏野史》："力些，即傈僳，衣麻披毡，岩居穴处，利刀毒矢刻不离身，登山捷若猿犹猱。以土和蜜

▲
傈僳族标志

> **知识链接** **民族识别** 民族识别是指对一个民族成分的辨认。是多民族的社会主义国家落实民族政策的一项基本工作。在旧中国，由于存在民族压迫和民族歧视，许多少数民族的民族成分不能确定。新中国建立以后，为改变旧中国民族成分和族称混乱的状况，有利于保障少数民族的平等权利，自1950年起至1983年止，由中央及地方民族事务机关组织科研队伍，对全国提出的400多个民族名称进行识别。整个工作先后进行了三个阶段。第一阶段民族识别从1950年到1954年，经过识别，确认了蒙古、回、藏、维吾尔、苗、彝、朝鲜、满、瑶、黎、高山、壮、布依、侗、白、哈萨克、哈尼、傣、傈僳、佤、东乡、纳西、拉祜、水、景颇、柯尔克孜、土、塔吉克、乌孜别克、塔塔尔、鄂温克、保安、羌、撒拉、俄罗斯、锡伯、裕固、鄂伦春38个少数民族。

充饥，得野兽即生食，尤善弩，每令其妇负小木盾前行，自后射之，中盾而不伤妇，从此制服西番。"

傈僳族是中华人民共和国成立后，在1954年民族识别中被首批认定族称的38个少数民族之一。族称既是一个民族的名字，也是国家对一个民族的认可。所以，族称既是文化概念也是政治概念。因此，我们在弘扬民族文化中必须正确使用族称，不能把"傈僳"两个字拆开来用。近年来，有些地方有些音像出版物的歌名歌词和餐馆饭店的名称中，出现一些错误简化傈僳族族称的用法，如把"傈僳人"简称为"傈人"，"傈僳山寨"简称为"傈山"或"傈寨"，"傈僳家"简称为"傈家"等等，傈僳族自治地方和民族乡党委政府以及各地傈僳族研究会必须给予高度重视并逐渐规范和更正。

> **知识链接** **《蛮书》** 唐樊绰撰。记载南诏史事的史书。又名《云南志》《云南记》《云南史记》《南夷志》《南蛮志》《南蛮记》。十卷。樊绰为安南经略使（今越南河内）蔡袭幕僚。862年（唐懿宗咸通三年），南诏王世隆遣将攻安南，经略使王宽不能御，朝廷以湖南观察使蔡袭代王宽为经略使，将兵屯守。樊绰随行。为了对付南诏，他受蔡袭命，对南诏情况进行调查了解，收集资料并参考前人著作（主要是袁滋《云南记》），写成此书。今人方国瑜著有《樊绰云南志概说》，对此书名称、资料来源、版本等考校精详。向达校注此书，题为《蛮书校注》，1962年中华书局出版。

源流

数千年前，古氐羌人居住在甘肃、青海的湟水、黄河源头，昆仑山下的洮水河边、青海湖畔。因而，傈僳族至今仍流传着祖先是从"湖（指青海湖）中有一个岛的远方迁徙而来"，傈僳族至今仍称青海湖为"壹吃乃依"，称昆仑山为"子玛瓦儿"，并说在"扎麻隆"（傈僳语之意为"女人箐"）那里，祖先保留的是母系氏族的社会制度。据考证，扎麻隆指的是现在青海省湟中县多巴镇一带，那时，古氐羌人尚处于母系氏族社会，处于原始的游牧时代，逐水草而居，对自然环境的选择很严格，要求有较好的放牧场及丰富的水源。为了保持六畜兴旺、衣食无忧，他们四处游牧，经常不断大迁徙，流动范围很大。这样，有的部落向中原方向迁徙，就演变成了后来的部分汉族；向西南方向迁徙的，翻越秦岭进入四川西北部岷江流域相对温暖地带的茂县、汶川一带的，就成了现今仍居住在这一带的羌族祖先。这部分氐羌人最迟已于殷商时期（公元前17世纪）定居在了岷江流域，他们在环境相对优越的广大地区，发现了桑蚕，并且很快掌握了饲养野蚕的本领。

由此，也就建立起类似国家形态（实为氏族部落联盟）的蚕丛国（史料称他们为"蚕丛羌"），出现了最早的丝绸业和纺织业，造就了蚕丛人在茂汶几百年辉煌的历史。后来，因周边殷王朝势力的侵犯、欺压和掠夺，蚕丛人被迫离开生活了几百年的领地，继续部落的大迁徙。这一段历史，记载于《史记·三代世表·正义注释》："蚕丛，国破，子孙居姚、嶲。"姚指的是今云南的大姚、姚安、元谋、永仁一带；嶲指汉代设定的"越嶲郡"，即今四川西昌、冕宁、盐源、盐边以及云南的华坪、永胜、宁蒗一带。这说明，早在殷商时期（公元前17世纪），今四川、云南接壤地带的雅砻江、金沙江河套地区，已成了氐羌人繁衍生息之地。

傈僳族古老的乐器——三弦琴

古氐羌人沿雅砻江南下，从茂汶大迁徙到滇川金沙江两岸的广大地区，与土著的元谋猿人的后裔相融合，产生了一个新的人类种群——"笮人"。《广韵》说："笮，竹索，西南夷寻之以渡水。"也就是说，笮人用竹子做材料，制成竹纯和竹筏，做渡水，实际是渡江时使用。

《华阳国志·蜀志》关于"定笮县"条载："笮，笮夷也。汶山曰夷，南中曰昆明，汉嘉曰嶲，越嶲曰笮，蜀曰邛，皆夷种也。县在郡西，渡泸水（金沙江），宾刚徼，曰摩沙夷，有盐池汉末，夷皆固之。"这句话说，同属于氐羌人，部落已分化，名称有了不同，只有越嶲（今西昌）的，叫"笮人"。他们隔金沙江与摩沙夷（后来的纳西族）邻居，分布在金沙江与雅砻江两岸。到了西汉，隶属于越嶲郡的今盐源县，之所以改名"定笮县"，正如尤中先生所说："汉朝时期，因为当地笮人最多，所以设县名'定笮'。"所谓的"定笮"，即"笮人已经定居之地"或"定居的笮人"的意思。也就是这个"定笮县"，从西汉元年

（前206）至唐朝初年（618），一定就是800多年，直到笮人迁走了，昆明族人居住于此，唐朝重新改县名为"昆明县"为止。

这时的笮人，有什么社会特点呢？《后汉书·西南夷列传》记载说："自巂东北有笮都国，东北有冉駹国，或土著，或随畜迁徙。自冉駹东北有白马国，氐种是也。此三国亦有君长。"这段话即是说，笮人仍处于游牧时代，但是，由于他们定居，已形成了酋邦王国，设立了君主或酋长，处于原始社会向封建社会过渡的阶段。技能上，他们擅长利用竹子扎成的竹筏和溜索横渡大江大河，无论是雅砻江还是更大的金沙江，横渡大江已不再是天大的困难。

唐朝初期，傈僳族先民"栗粟蛮"和"施蛮""顺蛮"已从"乌蛮"中分化、独立出来，并在滇西北、川西南地区崛起，逐渐以一个独立的民族共同体的身份，登上了中国历史的舞台。

三次大迁徙

傈僳族是中国历史上一个迁徙较多的少数民族。在战争与冲突、民族压迫、寻觅经济资源、宗教因素和戍边守卡、政府政策等因素的影响下，傈僳族人长期偏居西南边疆，在频繁的迁徙中，其主体成分始终未能走出大山，由此形成了傈僳族居住在深山老林中且"大散居小聚居"分布格局。

傈僳族先民们很早就从现在的青藏高原青海湖边沿雅砻江顺江迁徙南下，现今的四川省凉山州德昌县和攀枝花市米易县、盐边县和云南省华坪县、永仁县等川滇交界处曾是他们重要的经停之地。"傈僳，相传楚庄蹻开滇时，便有此种。无部落，散居姚安、丽江、大理、永昌四府。其居六库山谷者，在诸夷中为最悍。其居赤石崖、金江边地，与永江连界者，依树木岩穴，迁徙无常。"

唐宋时期，在滇西北长期频繁的民族战争中，傈僳族主要是由现在的剑川一带向西、东北及其西北迁徙，迁徙到迪庆、怒江、永胜一带，其迁徙的方向多是由东部到西部，其后迁徙的原因则主要是为了满足一部分族众的游耕经济生活的需要。元朝时期迁徙的方向也多是由东部向西部。

明朝以后，傈僳族曾发生过三次大的迁徙。

第一次大迁徙

第一次大迁徙发生在明朝中后期。当时，丽江木土司与西藏封建统治集团之间为了争夺中甸、维西（临西）、德钦（阿墩子）及宁蒗的统治权而进行了长时间的战争。由于丽江木土司对傈僳族将士极为苛刻和不公正，因此，部分傈僳族在首领刮木必的率领下翻越碧罗雪山，迁入了怒江峡谷。这就是傈僳族历史上规模较大的一次大迁徙。

秀美的怒江第一湾

大气的金沙江第一湾

第二次大迁徙

第二次大迁徙发生在清朝嘉庆年间。清朝时期，傈僳族先后发动了多次起义，其中以恒乍绷起义和唐贵、傅添贵起义的规模最大，范围最广，影响最深。在么些族（纳西族）土官的剥削和驻防清军的压制下，生活在维西澜沧江内外的傈僳族，在恒乍绷的领导下，于清嘉庆六年（1801）发动了声势浩大的抗清武装斗争。经过一年多的战争最终被清军镇压。起义失败后，傈僳族被迫大规模地向怒江地区迁徙。这是傈僳族历史上规模较大的又一次大迁徙。

第三次大迁徙

第三次大迁徙发生在清朝道光年间。清道光元年（1821）之前的一段时期，永胜、大姚等地的新兴地主阶级大量地掠取土地，土司不断地抽租夺佃，将傈僳族农民的土地转卖给汉族地主。傈僳族人民无地可耕、无以为生，于是在唐贵、傅添贵的领导下，再次发动起义。在这次起义中，傈僳族人民渡过金沙江，南下进攻大姚，最后被清军镇压。起义失败后，傈僳族再次被迫大规模地向怒江地区迁徙。这是傈僳族历史上的第三次大迁徙。

险峻的澜沧江第一湾

人口与分布

傈僳族经过上述三次大规模的迁徙之后,其人口分布重心不断地从东部往西部迁徙,从金沙江以西、澜沧江以东的今川滇交界地区转移到了怒江峡谷,成为怒江峡谷中人数最多的民族——主体民族。其后,由于多种原因,部分傈僳族顺怒江迁徙南下,到保山、德宏,一直到缅甸、泰国,但金沙江、澜沧江和怒江"三江并流"地区仍是傈僳族的聚居区,因此,傈僳族自称是"三江儿女"。

> **知识链接** **三江并流** 三江并流是指金沙江、澜沧江、怒江并肩在崇山峻岭中奔流。三江并流位于滇西北青藏高原南延的横断山脉纵谷地区,包括怒江州、迪庆州、丽江市、大理州的部分地区。三江并流共同孕育了数千年的"江边文化"。它地处东亚、南亚和青藏高原三大地理区域的交汇处,是世界上罕见的高山地貌及其演化的代表地区,也是世界上生物物种最丰富的地区之一。其间澜沧江与金沙江直线距离为66公里,澜沧江与怒江的直线距离不到19公里。流域跨越丽江市、迪庆藏族自治州和怒江傈僳族自治州。2003年7月2日,联合国教科文组织第27届世界遗产大会一致决定,将中国云南省西北部的"三江并流"自然景观列入联合国教科文组织的《世界遗产名录》。

新中国成立后,傈僳族在党的民族理论与民族政策的指引下,固定居所,不再有大面积的迁徙。人口主要分布在云南省的

三江并流图 ▶

怒江傈僳族自治州、丽江市、迪庆藏族自治州、楚雄彝族自治州、大理白族自治州、保山市、德宏傣族景颇族自治州、昆明市、临沧市、普洱市以及四川省的凉山彝族自治州和攀枝花市等12个州市的80多个县。在我国行政区划中云南省有一个傈僳族自治州（怒江傈僳族自治州），一个傈僳族自治县（维西傈僳族自治县），23个傈僳族乡（其中13个为单一傈僳族乡）。根据2010年第六次全国人口普查统计，中国傈僳族人口为70余万。

第六次全国人口普查傈僳族人口统计表

年份	人口数量
1953年	317 465人
1964年	270 628人
1982年	481 884人
1990年	574 589人
2000年	634 912人
2010年	702 839人

第二章
英雄壮举

怒江地区位于云南省西北部，西面与缅甸接壤，有近500公里的国界线，是由缅入滇的重要通道之一。往北可进入西藏，往东可进入云南腹地和四川，直达长江上游。正是这种特殊而重要的地理位置使怒江地区自然进入到外国侵略者的视野，成了他们锁定要占领的重要战略目标。当侵略者的铁蹄踏上怒江的土地，世代居住在怒江地区的傈僳族毅然决然地站到了抵抗外侮的最前线。

在反对外来侵略、保家卫国、维护祖国统一的斗争中，傈僳族谱写了一曲曲可歌可泣的爱国主义颂歌。

片马抗英

片马失陷

1910年12月3日,英国殖民主义者派遣侵略军2 000人,战马千余匹,在郝滋上校率领下,用武力强占了云南泸水县片马地区。片马失陷了,世代居住在这里的傈僳等民族面临着一场抗御外侮、保卫祖国边疆的严酷斗争。

早在1885年,英国殖民主义者占领了缅甸之后,就开始窥伺我国西南领土,云南的怒江地区成为英国殖民主义者妄图侵占的重要目标之一。英国印度殖民政府情报局副局长、陆军上校戴维斯于1900年前后的十多年间,数度出入滇缅边区进行活动,他为英国侵略云南而写的《Yun-nan: The Link Between India and the Yang-tze》一书,指出了怒江地区极其重要的战略地位。如果英国占领了怒江地区,还可与其在长江流域的势力范围联结,实现其"云南——印度与扬子江的锁链"的战略构想。

片马是英军入侵怒江地区的战略通道。英军入侵片马,就是妄图实现占领怒江地区,进而占据中国的整个大西南,掠夺中国西南边疆的战略意图。

片马人民抗英胜利纪念碑

片马失陷，不愿做亡国奴的傈僳族人民奋臂而起。傈僳族头人勒墨夺扒第一个在片马组织起抗英队伍，傈僳族英雄褚来四接着翻越高黎贡山来到怒江两岸组织起抗英武装进入片马，筑起了抵抗英国侵略者的血肉长城。

蓑衣兵和弩弓队

勒墨夺扒领导的抗英队伍有100多人，他们身披蓑衣，手持弩弓、长刀、戈、火药枪，号称蓑衣兵。当英军穿过古浪坝进入林间小道时，早已埋伏在这里的蓑衣兵一时箭矢齐发，喊杀声回荡四周山谷，打死了一名英军军官，打得英军晕头转向，向南狼狈逃窜。

勒墨夺扒领导蓑衣兵一面抗击英军，一面派族舅褚来四等人翻越被大雪覆盖的高黎贡山，向怒江两岸各族人民通报英军强占片马的情况，争取救援。

傈僳族人民的抗英武器装备

知识链接　**高黎贡山**　高黎贡山属青藏高原南部，横断山西部断块带，印度板块和欧亚板块相碰撞及板块俯冲的缝合线地带，是著名的深大断裂纵谷区。山高坡陡切割深，垂直高差达4 000米以上，形成极为壮观的垂直自然景观和立体气候。

怒江两岸傈僳族人民得知片马被占的消息后，迅速组成了一支200多人的抗英弩弓队，在褚来四率领下，于1911年2月向片马进发。弩弓队深夜冒着寒风前进，白天隐蔽在丛林里伏击敌军。在一次伏击战中，"神箭手"褚来四击毙了英国巡逻军军官，其他弩弓队员也发起猛烈射击，使英巡逻军逃回片马大本营。一次，褚来四不幸被俘，遭到敌人严刑拷打，但他坚贞不屈，机智勇敢地与敌人做斗争，终于找到机会逃出敌手，回到抗英队伍中继续武装斗争。

褚来四率领的弩弓队与蓑衣兵终于会合了，在高黎贡山，他们利用有利地形，采取各种方式抗击敌军。

蓑衣兵和弩弓队在高黎贡山不仅利用当地复杂的地形、茂密的原始森林，伺机与侵略军正面作战，而且还采用对付野兽的办法来打击、消灭英国侵略军。他们在敌人经常出没的地方深挖陷阱，在陷阱底插满竹签，不少英军的性命断送在蓑衣兵设下的陷

高黎贡山原始森林

阱里。他们还在敌军经常经过的小道上支上"恰备"和"备等"打击敌人。在防不胜防的"恰备"和"备等"面前,侵略军不是送了性命,就是受伤致残,敌军悲伤而又无奈地说:"在他们面前,我们成了被猎的野兽。"

> **知识链接** **恰备 备等** "恰备"是一种比一般弩弓杀伤力大得多的大弩弓,"备等"是蓑衣兵用六七米长的树木或竹子做的大"弹弓",一个大"备等"一次可以弹死弹伤三四人。

他们还在山上堆放滚石檑木,待敌军从山脚道路上走过,砍断控制滚石檑木的绳子,滚石檑木就像雨点般飞下,落在敌人的头上、身上,打得敌军伤的伤,死的死。傈僳族人民还从深山里挖来剧毒草乌,捣碎后放进英军的饮水井里,致使英军中毒死亡。

傈僳族战士的弩弓、长刀、戈、火药枪等原始武器,让装备有世界上最先进武器的英国侵略军屡屡陷入不可预知的地狱,成为"被猎的野兽"。神出鬼没的傈僳族抗英武装成了英国侵略者挥之不去的噩梦。

片马鏖战激起抗英浪潮

片马失陷,举国震惊。

在强大的侵略者面前,傈僳族人民不畏强敌、英勇不屈、敢于斗争。1947年,任微音、徐心芹两位先生在游历了当时还处于沦陷区的片马地区之后,曾深情地写道:

少数民族曾经用血肉抵抗封建主的欺凌;这时又以血肉作为长城,抵抗帝国主义者的残暴屠杀。片马森林是古战场,也是新的无名英雄墓,战迹斑斑可考,山头人至今还在不屈不挠地继续和侵略者在斗争。

傈僳族人民抗击外侮的斗争很快得到了全国人民的支持。世代与傈僳族人民杂居在一起的景颇、白、怒、独龙、汉等边疆各族人民最先加入到抗英的队伍中来。当勒墨夺扒在片马组织武装队伍时,景颇族茶山头人姚伸科、怒族包吾库寨头人来麦子等在勒墨夺扒的联络下毅然参加了抗英队伍。当得知片马被占的消息时,白族土司迅速组织起一支100多人的"民团",与弩弓队相配合,向片马进军,决心收复失地。他们直逼片马垭口,构筑工事,英勇战斗。

当英军武装侵占片马的消息传入祖国内地时,全国舆论沸腾,要求清政府立即出兵,收复失地。昆明、大理等地组织了"保界会",要求英帝撤兵。云南谘议局派代表到北京请愿,并组成"保安会"作为后盾。云南商务总会通电抵制英货,蒙自、下关等地各族人民和中小商人纷纷响应,英美烟草公司的纸烟被迫停运。云南留京人士请求外交部力争片马,并指出可争的十项理由。他们并誓为国家前驱,"倘或别有举动,德润等拟即纠合同志,分道回滇,召集我十四府义烈子弟,忠愤父老,搜求越南之役百战余生宿将,收抚……一切生力土人,访询苦心积虑坚忍练达之积学宿儒,广募一切失业之农工商民……万一势必出于宣战,愿为先驱,不为后盾,愿为玉碎,不为瓦全。"

在这场保卫边疆、捍卫祖国领土完整、维护民族尊严的神圣斗争中,我国各族各界人民,同舟共济,一致对外,筑成了一道道御侮的长城。傈僳族等边疆各族人民深切体验到与内地各族人民之间血肉相连亲如手足的关系,从而加强了民族团结,这种在斗争中凝结而成的各民族团结的纽带是保卫和建设边疆的可靠保证。

全线抗日

鬼子来了

1942年5月,进入缅甸抗日的中国远征军作战失利,日本侵略军打开了从缅甸进入我国云南的通道,很快占领了滇西怒江以西3万平方公里的国土,并且企图渡过怒江,占领昆明、重庆,以实现其南北会合、灭亡中国的目的。云南由中国抗战的主要战略后方,变成了生死攸关的抗战前线。在中华民族最危险的时刻,傈僳族人民再一次被推上了抗日战争的风口浪尖。

在滇西,日军所到之处皆成人间地狱。丧心病狂的日本鬼子对各族人民大肆烧杀、抢掠,奸淫妇女,投放细菌弹,制造无人区,甚至吃人肉,无恶不作。如1943年12月17日,日军洗劫鲁掌三寨后,抓民夫为其背运抢掠来的物品,当行至片马二道垭口时,日军将20名傈僳族、傣族民夫集体处死。日军还在灰坡山制造无人区,在片马投放细菌弹,纵火焚毁了鲁掌下寨、泸水设治局、蛮英街、河边寨等,共杀害我同胞3 046人,致使16 344人因饥饿、病疫而死亡。

> **知识链接** **丙贡屠杀惨案** 1943年农历一月十六,属于日军第五十六师团一四八联队之一股日军窜犯上江乡丙贡大寨,在路上抢夺15岁哑巴陈文宝捕的鲜鱼,遭到反抗后,竟开枪打死了陈文宝。日军进寨后,奸污怀孕的杨阿敏(咪)等7人,将杨阿敏(咪)的侄子彭金灿砍成重伤,以为其已死亡后离开。制造了"丙贡屠杀惨案"。

日军在滇西和傈僳族地区犯下的累累罪行举不胜举,罄竹难书。日军的暴行,激起了傈僳族人民的无比愤慨和强烈的爱国情感,纷纷奋起抗日,誓与祖国共存亡,以各种方式投入到抗日救国的斗争中。

山寨前线和密林战场

滇西地区是傈僳族主要的分布区,日军侵入滇西后,傈僳族人民同滇西各族人民一道,迅速奋起抗战,他们或自发组建抗日游击队，或军民联合抗战，或人自为战、村自为战、村寨联战，誓死消灭侵略者，把滇西的山川河谷和村寨变成了人民战争的大战场。

傈僳族青年们主动要求国民党地方当局加大抗日的组织力度，并举起了抗日的旗帜。曾于1937年随军北上参加抗日战争，先后在湖北崇阳、江西铜陵、奉新、高安等地对日作战，任过少尉排长等职的傈僳族青年霜耐冬亲眼看见日寇惨无人道地残害、屠杀中国人民后，从内地抗日战场给他的家乡福贡的设治局局长孙模写了一封亲笔信说："吾辈青年，应负使命，努力杀寇。本地青年分子，是否征调外出……灭绝日寇。"

龙陵县有一支由清一色的傈僳族人自发组建的抗日游击队。这支威震敌胆的傈僳族抗日武装，由傈僳族头人曹保祥任大队长，队员多为青壮年农民，共有186人，都英勇善战，凭借自幼练就的能拉硬弩、百步穿杨、箭无虚发、"见血封喉"的本领射杀来犯的日军。他们设地弩、陷阱等猎杀敌人，使鬼子闻风丧胆。

怒江马掌山寨的"谷扒时"和"腊扒时"组成的抗日"四乃买然"（密林的兵），他们主动出击，常常在日军还未进入村寨"扫荡"前就先发制人，给日军以沉重打击。在一次突袭中，日军还未反应过来，就有7个日军身中毒箭而亡。后来，日军远远望见山寨飘出的袅袅炊烟，也误以为是傈僳族抗日武装的"战旗"而胆战心惊，不敢进犯。

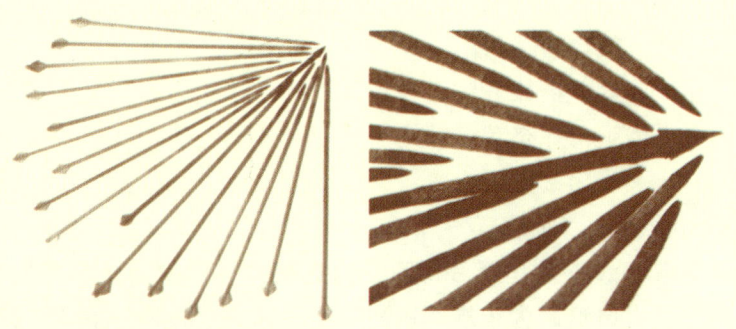

最让日本侵略军胆战心惊的"见血封喉"的傈僳族毒箭

抗日的烽火燃遍滇西，对侵略者暴行的仇恨在傈僳人心中发酵，他们同仇敌忾，把滇西的山川河谷和村寨都变成了人民战争的战场。他们勇敢机智，开展多种形式的游击战。

德宏莲山东棚样傈僳族寨得知日寇要来偷袭，头人召集大家，在刚做好的饭菜和酒中放了毒药，然后装作害怕日军，躲避到山上，一群日军吃后全部被毒死；盘踞在怒江丙贡乡观音山据点的敌人派出一队人马窜到练地乡烧杀抢掠。落入了陷阱，并被雨点般落下的石块砸死；一队日本兵进村抢掠，村民拿出猎兽用的大弩毒箭，对准领头的日本兵射去，敌兵倒地毙命，其他拖枪而逃。

配合正规军，有效打击和歼灭日军

1943年10月间，一支200多人的日本侵略军自腾冲向北进入泸水，准备增援盘踞在上江据点的日军。在途中日军抓住茶山寨的傈僳族农民祝老二，强迫他带路。祝老二机智地将日军诱进驻守在怒江东岸的中国正规军预备二师新村渡口江防部队的射击圈，使敌人遭受沉重打击，狼狈向南溃逃。这便是"茶山寨狙击战"。

茶山寨狙击战后，傈僳族农民、侦察员茶根发扒奉江防部队之命跟踪向南溃逃的敌人。他发现敌人溃逃至六库以北的马掌河箐沟时开始集结。茶根发扒及时将这一情报告知预备二师，预备二师派出两个战斗连包围了马掌河箐沟里的敌人，给予敌人沉重打击。官兵赞扬茶根发扒侦察有功，是抗日部队的"好参谋"。

在疯狂的日军面前，傈僳族人民英勇应战，还联村展开坚壁清野的活动，人畜进入深山丛林，粮食进洞入地，不让敌人得到粮秣，不替敌人当背夫、向导，伺隙消灭入侵之敌，一直坚持到滇西抗日大反攻的胜利。

傈僳族这些英雄壮举，在抗战胜利几十年后，仍在当地傈僳族群众中传颂，并充满着对英雄先辈的深深敬意。

滇西抗战的"后勤兵"

傈僳族人民拿起弩弓毒箭在山寨和森林中英勇抗日的同时，还竭尽全力肩负起为正规军抗战抢修公路，架设渡江溜索，修造渡江船只，运送粮秣弹药，帮助侦察、守望，引诱日军进入包围伏击圈，递送情报，充当向导，抬运、救护伤员的重担，虽然他们自身的生活已十分贫困，但他们节衣缩食，甚至倾其家产，献出生命来支援、服务正规部队抗战，成为滇西抗战的"后勤兵"，成为抗日部队的坚强后盾，为夺取抗战胜利做出了巨大牺牲和特殊贡献。

傈僳族在滇西抗战中的一个特殊贡献是援救远征军。傈僳族称抗日远征军为"恒诗买"或"中央买"。"恒诗买"直译为"穿黄色衣服的汉族军队"，"中央买"即"中央的军队"。

1942年5月，援缅抗日作战的远征军在缅甸战场受挫，伤亡惨重，尚存的有生力量大部绕道中缅边境退回云南。在这危难时刻，傈僳族人民毅然挺身肩负起了援救远征军的艰巨任务。他们投入大量的人力、物力、财力以至生命，接送溃退回国的远征军官兵。这里仅介绍远征军途经滇西傈僳族聚居区泸水县和福贡县时得到傈僳族人民全力救援的历史。

1942年6月至8月，中国远征军第五、第六两军尚存的有生力量由缅甸北部中缅边境的野人山区，翻越高黎贡山进入泸水，东渡怒江回国休整。先后经过泸水境内的远征军约有2.5万人，其中约有1万人经六库渡口渡过，1.5万人从上江渡口渡过。据不完全的资料记载，仅泸水六库、鲁掌、登埂、卯照、大兴地五镇，即为远征军接送伤病员、运送军需粮秣共出民夫4 000多名，支应部队积谷3 000多石，私粮1 000余石，柴薪8万公斤，草料3万公斤等，并增加渡口船筏、船工，加紧划渡，使部队能及时回到内地。当时属于保山县的上江乡和练地乡的傈僳族人民

通过这样的溜索将近万名远征军从怒江西岸安全送至东岸是一项十分艰巨的任务

积极投入到救援、接待远征军和归国华侨的艰巨任务中，付出巨大代价。

1942年6月至10月，远征军第五军直属部队及九十六师共9 000名官兵，从缅北葡萄东南翻越高黎贡山，途经福贡回内地。福贡傈僳族人民投入大量人力、物力，救援、接送远征军。他们不仅做好在县境内的接送工作，有的甚至翻越高黎贡山，克服猛兽和瘴气的侵袭，到境外缅甸赤土坝救援，接远征军回国，然后护送东渡怒江。

一些亲历的老人回忆说：

他们无论运送军粮、架设篾溜，还是抬送军官伤兵，背运行李、枪支，都属义务，从未收取过分毫工钱。

当时福贡全县民众不过万把人，很贫困，那时又是青黄不接的季节，但不管有多大的困难，自己吞糠咽菜，也要想方设法，为归国部队提供粮食。

傈僳族人民对抗日远征军的援救，为1944年滇西大反攻，消灭日本侵略军保存了重要的有生力量。

1942年底至1944年2月一年多时间里，在正规部队先后两次进攻占领片马的日军过程中，就有1 000多人次称戛傈僳族民众为部队运送粮秣、弹药，部队到哪里，这些运输队就到哪里。这些民众还用了3个月的时间，修筑了直通高黎贡山分水岭尺必哥雪山垭口的进军人马大道。1944年2月，200多民工又到雪山顶上挖雪，用10多天时间，在尺必哥雪山垭口挖开了一条道路。3月初，600多官兵从称戛民众修筑的大道上进军片马，最终打败了日军，收复了片马。

在支援正规部队作战中，很多傈僳族群众为祖国英勇牺牲，仅泸水县在抗战时期就有342人牺牲、57人受伤，其中绝大多数是傈僳族人。

傈僳族人民在滇西抗日战争中，与各族人民一道，以直接对敌作战、援救抗日远征军、出钱出物出力做好前线抗战部队后勤服务保障工作等各种方式，投入到抗日救国的反侵略斗争中，沉重地打击了日本帝国主义侵略军，终于在1945年1月光复了滇西的国土，用鲜血和生命为中国的抗日战争和世界反法西斯战争谱写下了光辉的一页。

永远的丰碑——曹保祥

曹保祥（1917—1944），云南省龙陵县岔河中寨人，龙陵傈僳族抗日游击大队大队长。

曹保祥自幼习练弩弓，跟随父亲出猎时，每遇到猎物，父亲总是把射击的机会让给他，因此，12岁时就成了射弩高手，成年时已成为百发百中的神箭手。曹保祥机智勇敢，乐于帮助族人，赢得了广大傈僳族群众的信赖。

1942年5月，日本侵略军占领了龙陵中部、北部和比邻的潞西县，烧杀抢掠、强奸妇女。曹保祥在原来傈僳族民间维持治安的自卫武装的基础上，组建起了傈僳族抗日游击大队。

◀ 曹保祥

曹保祥对队员和乡亲们说："为了保住我们的家园，为了我们民族的安全，我们必须抓紧做好准备，鬼子来了就叫他们尝尝我们傈僳山头的厉害。"并要求立即准备出弩弓、毒箭、火枪、长矛、长刀，"是傈僳男人的都跟我上！"抗日游击队员一下增加到186人，并成立了一个辖有3个小队的傈僳族抗日游击大队。这支抗日武装队伍的成员都是傈僳族，个个是射弩高手、制作毒箭的行家。

曹保祥领导这支傈僳族游击队，通过机智勇敢的斗争，给日本侵略军以沉重的打击，牵制了日本侵略军的侵略步伐。1944年冬天，滇西抗战取得全面胜利，曹保祥和他的队员们还未来得及全面恢复生产、重建家园，就又投入到为抗日军队运送军械物资去200多千米外的保山工作中。曹保祥全面组织领导了这场大规模的运送行动。不幸的是，侵略战争造成的鼠疫暴病已在龙陵蔓延，岔河中寨有100多人死于鼠疫，曹保祥也被鼠疫夺去了生命。

曹保祥被安葬在寨子对面的山冈之上。蓝天白云之下，这位长眠的傈僳族英雄成了滇西抗战的一块丰碑。

第三章
灿烂文化

　　文化是一个民族的精神家园，是一个民族发展的原动力。傈僳族文化灿烂，至今仍然保持着许多原汁原味民族文化。如基本统一的傈僳语；竹书音节文字、老傈僳文字；妙趣横生的民间歌舞和丰富多彩的民间乐曲。傈僳文化正在以其独有的生命形态和创造力深刻地影响和改变着傈僳族儿女的精神面貌、生态结构和生存方式。

语言

傈僳族有本民族的语言。傈僳语属汉藏语系藏缅语族彝语支。傈僳语分怒江、永胜、武定三个方言。怒江方言分布在怒江傈僳族自治州、德宏傣族景颇族自治州、迪庆藏族自治州、大理白族自治州、丽江市玉龙县等地。这个方言的傈僳族人口最多。永胜方言分布在丽江市的永胜、华坪、宁蒗和四川省的会理、盐边、盐源等县。武定方言分布在武定、元谋和禄劝等县。怒江方言和永胜方言自称他称都是傈僳,相互间可以通话;武定方言区自称为傈颇,他称为傈僳,虽然与两个方言区的语音差别不大,主体词汇、语法结构基本一致。但是,由于历史变迁,大山阻隔,受当地主体民族语言的影响等因素,武定方言区与其他方言区的傈僳族之间不能完全用母语顺畅交流。

傈僳族女人用母语流畅交流
▼

在傈僳族聚居区，如怒江、维西傈僳族自治地方，傈僳语不仅是傈僳族使用，居住在这里的怒族、独龙族、白族（尤其是勒墨人）、彝族、藏族等都兼通傈僳语，有的村寨甚至完全转用傈僳语。如在贡山怒族独龙族自治县的独龙族和兰坪白族普米族自治县的怒族中，有的村寨除日常生活中使用傈僳语外，唱歌、哭丧、祭祀等也使用傈僳语。其他散杂居地区，不同民族之间彼此通晓语言。

数千年来，傈僳族人民用古老的傈僳语进行日常交流，抒发思想感情，传承民族古老的历史文化，塑造、刻画富有教育意义的艺术形象，歌唱历史、现实，憧憬美好未来……那些弥足珍贵、美妙无比的民间史诗、叙事诗、故事、传说、歌曲等，无不用傈僳语代代传承而得以保存至今。因此，傈僳族人民对自己的母语有着深厚的感情。

> **知识链接** **彝语支民族** 包括彝族、哈尼族、傈僳族、拉祜族、纳西族、基诺族等。主要分布在中国云南、四川、贵州、广西四省（区），使用人口约630余万（1982）。此外，还分布在缅甸、泰国、老挝、越南等国境内。

文字

傈僳族有四种文字：音节文字、老傈僳文（西傈僳文）、框格式拼音文字（东傈僳文）、新傈僳文。

音节文字

傈僳族音节文字是由维西县傈僳族农民汪忍波于20世纪20年代创制的。音节文字相同的音用相同的形体表示，没有字母，一个形体代表一个音节，因此通常称为表音的音节文字（创制时刻在竹片上，也有人称之为竹书）。共1 051个字。

◀ 汪忍波创建的傈僳音节文字

老傈僳文（又称西傈僳文）

这种文字是1908—1914年间，由缅甸克伦族讲道者巴托在傈僳族教牧人员的帮助下通过将拉丁字母的形状加以改变创造的。后来传教士富能仁和傈僳族传教士摩西进一步完善了这种文字。新中国成立前这种文字就在傈僳族地区有广泛的群众基础。新中国成立后，由于这种文字字形易学便写，所以现在有较多的傈僳族群众掌握这种文字，并运用于社会实践生活之中。现在傈僳文出版物基本上都用此文字。用这种文字出版的报纸有《怒江报》等。

格框式拼音文字（又称东傈僳文）

这种文字是1913年英国传教士王慧仁根据云南省武定滔谷村傈僳族语音为基础创造的。这种文字使用范围不广，并没有得到传播和普及。

新傈僳文

新中国成立后，由中国科学院、中央民族学院等单位的专家创造了以拉丁字母为基础的傈僳族文字，称为新傈僳文。这种新文字的文字方案在1954年拟订，1955年经国家民委批准试行，1956年经过修订补充，于1957

Zhogot Goqchada coshit zheqcet ma nia, rot got coshit cojjit mi got ja shitvu dail guatshit wa ma deideq ma zheqzhiq rritwat wa' lei ma leir

▲《怒江报》

老傈僳文（又称西傈僳文）▶

格框式拼音文字（又称东傈僳文）▶

新傈僳文 ▶

> **知识链接** **音节文字** 音节文字是表音文字的一种，以音节为单位的文字。汪忍波创立的傈僳族音节文字并非音素的组合，各音节有独自形状的音节文字，在世界上也是相当稀少的。

年在云南少数民族语文科学讨论会上讨论确定。

傈僳族四种文字中，使用最广泛的是老傈僳文（西傈僳文），缅甸、泰国等国傈僳族通晓此文字；新傈僳文在普通百姓中普及率不高；框格式拼音文字（又称东傈僳文），只在云南省的武定、禄劝、元谋以及四川省的会东、会理等县基督教堂中使用；音节文字由于词汇少，书写难度较大，没有得到大范围的传播和普及，主要在维西县使用，当前维西傈僳族自治县官方正在全县范围内推广音节文字，并已开发出相关软件，可用电脑打字。

歌舞乐

傈僳族的民间音乐历史悠久，品类繁多，可分为民间歌曲、民间歌谣、民间舞蹈、民间乐器。下面作简要介绍。

民间歌曲

傈僳人常说："盐，可以一天不吃；歌，不能一天不唱。"我们根据傈僳族民间歌曲的演唱内容、对象和表现形式，将其分为木刮、摆时、优叶、切我、礼俗歌、然尼菊等六类。

木刮 傈僳族民歌曲调名称，傈僳语音译，直译为"老人唱的歌"，意为"古歌"或"古调"，是傈僳族民间流传、历史悠久、深受群众喜爱的叙事抒情调子。演唱"木刮"，傈僳族叫"木刮布"。一般在年节、喜庆、婚礼等大型活动或举行庄严的仪式时由众人演唱。演唱主体是男性中老年人，女性一般不唱木刮，因此，以木刮的形式对唱叙事长诗时都是在两个男歌手之间进行的，以男歌手代替女歌手。吟唱时，由一位或两位老年歌手领唱，其余歌手同时合唱；领唱时少者一句，多至10多句不等；合唱词为最后两句，这是固定的演唱形式。演唱的内容主要为家谱、史诗、婚嫁、生产等。

傈僳族的许多著名的史诗、叙事诗如《古战歌》《盖房调》

《放猪调》等都是通过木刮的演唱形式一代代传唱而流传下来的。属于木刮曲种的还有一种曲调，叫"哦来哦秀"，主要流传于福贡县鹿马灯和利沙底一带，与木刮大同小异。

摆时 傈僳族民歌曲调名称，傈僳语音译，意为"要说的话"。演唱摆时，傈僳语叫"摆时摆"。摆时在泸水县、兰坪县、腾冲县等地流传很广，一般大人、小孩儿都会演唱摆时。每当阔时节、澡塘会、亲友团聚、对歌、旅途、劳作之余时，人们都喜欢演唱摆时。演唱的内容丰富，可以是生产、生活、劳动及爱情等。但青年男女对唱爱情内容的摆时，特别是谈情说爱时，须避开家长或长辈，到山郊野外去进行。演唱时，由一人领唱，众人合唱，并手挽手，随着歌调有节奏地左右摆动身体；领唱部分的领唱词一般为2~5句，多者可达几十句；合唱部分的唱词为最后两句。由于摆时的演唱多为一领众和的多声部重唱，声调高亢悠长，气势磅礴，远在数里之外就能听见。在摆时流行的地区，随处都可听见优美动人的摆时、对唱、重唱的歌声。

一年一度的傈僳族传统澡塘歌会期间，人们穿着节日的盛装，带着节日的食物和野炊、野营的用具，从四面八方汇聚到温泉澡塘举行泡、洗温泉澡除病秽活动和演唱摆时比赛，歌声延续几天几夜，使澡塘会成为摆时的盛宴。

演唱歌曲 ▶

优叶 傈僳族民歌曲调名称，傈僳语音译，意为"悲伤的歌"。演唱优叶，傈僳语称"优叶叶"。优叶流传广泛，尤其在傈僳族聚居的福贡、泸水等地，优叶更是普及，男女老少都喜欢唱。通常在比较庄重、严肃的场合，由老年人坐在火塘周围，分成两组，边饮酒、喝茶，边对唱优叶。演唱内容多是追溯历史、缅怀往事等，歌声比较伤感、委婉、深沉而庄重。演唱时两组各有一人作领唱，由其唱上句歌词，合唱者从末尾3个音节起合唱，接着将下句歌词唱完，领唱者再唱下一句歌词，合唱者接着再唱。而年轻人唱优叶，多在室外的院场搂肩搭背站成两行对唱。演唱的内容根据对唱的对象及所处的环境氛围的不同，可以是生活或爱情方面的，也可以是长辈对晚辈的重托、厚望或晚辈对长辈的感恩、感念，等等，通常都是即兴编唱。

切我 傈僳族民歌曲调名称，傈僳语音译，意为"抒发心里话的歌调"。主要流传于怒江傈僳族自治州境内各县。切我曲调欢快悠扬，歌词抒情、真挚，原为男女约会向对方倾诉爱慕之情时低声吟唱的歌调。演唱时，一般为对唱，由两位歌手分别领唱，众人分成两组分别合唱。

礼俗歌 除以上介绍的傈僳族民歌曲调外，还有种类繁多的在婚丧、宗教祭祀、建房、进新居等活动中演唱的歌，我们称之为礼俗歌。主要有婚恋歌，如《口弦歌》《请媒调》《订婚调》《迎亲调》《送嫁调》等；丧葬歌，如边哭边唱的《哭调》、边跳边唱的"施我灯我"（挽歌）等；祭祀歌即"尼古我"，如《祭天古歌》等；创业或进新房时唱的歌，如《贺新房调》《盖房调》等。这些礼俗歌，曲调因地域的不同而有差异，但都以说唱的形式演唱。

然尼菊 傈僳族民歌曲调名称，傈僳语音译，意为"儿歌""儿童说唱的歌"。"然尼"意为"儿童""小孩儿"，"菊"意为"调""歌"或"顺口溜"等。傈僳族儿歌丰富多彩，形式多样，内容有传授基本的语言词汇、生产生活知识、亲情理念以及赞美孩子聪明、懂事、漂亮，祝愿孩子健康快乐长大成人等。许多儿歌充满童趣和天真烂漫色彩，生动而活泼，又寓教于乐，如《问答歌》《采歌》《弯歌》《盘歌》《除兽歌》《荡秋千》《除害谣》《打老虎》《请太阳》《放牛娃歌》《猜谜歌》等。这些儿歌深受儿童们的喜爱，伴着一代代儿童健康快乐地长大成人。

民间歌谣

傈僳族的歌里，不仅包括民歌，也包括徒歌民谣。傈僳族人民生产生活中离不开民间歌谣，每个人从降生之日起，直到走完

▲

傈僳族音节文字《二十四部祭天古歌》手稿

人生,都有歌谣相伴随:婴幼儿有摇篮曲("然努个干俄"等),少年儿童有童谣、儿歌(然努然拜时),青年人有情歌("摆时"等),中老年人有"木刮""优叶",去世守灵、安葬时有"施我登我"("丧葬歌"或"挽歌"等),生产劳动有歌(《栽秧歌》等),节日有歌(《过年调》等),走亲访友有歌(《串亲调》等),起屋建房有歌(《盖房调》等),恋爱结婚有歌(《请媒调》《娶亲调》《送嫁调》《迎亲调》等),生日有歌(《生日调》等),解决矛盾纠纷有歌(《官司调》等),宗教信仰有歌(《祭天古歌》等),反抗斗争有歌,人们的悲欢离合、喜怒哀乐无不有歌。著名的傈僳族澡塘歌会兴盛数百年,至今长歌不衰,表现出生生不息的生命力。

傈僳族的这些民间歌谣内容十分丰富,形式多种多样,题材广泛,反映了傈僳族社会历史、政治、经济、生产、生活的方方面面,具有极宝贵的价值。根据傈僳族歌谣的内容,结合它的功能性和既定对象将其分为古歌、劳动歌、时政歌、生活歌、情歌、仪式歌、儿歌等种类。下面作简要介绍。

古歌　傈僳族古歌所反映的内容十分广泛,涉及开天辟地、人类及民族起源、洪水泛滥、发明创造、民族迁徙、民族英雄人物等。古歌主要以说唱的形式唱述,曲调固定,主要以"木刮""优叶"等的曲调吟唱,歌声深沉、厚重,充满浓厚的历史、文化气息,对传承民族古老的历史和传统文化有着重要价值和意义。如傈僳族著名的民间叙事长诗《创世纪》等。

劳动歌　劳动歌是指在劳动过程中演唱,反映劳动者劳动的过程、经验和某种情感的民间歌谣。不同的劳动,有不同的劳动歌。傈僳族在农事、狩猎、采集、放牧等生产实践中,创作了不少劳动歌。如《栽秧歌》《修水渠》《抬木头歌》《打山歌》《打猎歌》《打麂子歌》《放牧歌》《挖药歌》《扯火草歌》《抢麻歌》《采集歌》《找菜歌》《打荞秆啊抖荞秆》等。这些劳动歌不仅表现了傈僳族劳动人民丰富多样的劳动场景，描述了他们在劳动中的感受，而且传承了许多生产知识和劳动技能。

时政歌 时政歌是人民群众有感于切身政治状况而创作的歌谣。它反映出人民群众对所处时代的社会制度、重要事件、风云人物的基本认识和态度。傈僳族时政歌最有代表性的是歌颂农民起义领袖和起义军的歌谣，控诉、揭露、抨击旧社会反动统治阶级剥削、压迫的歌谣。

生活歌 这里所说的生活歌是狭义上的生活歌，具体是指反映傈僳族人民群众日常生活和家庭生活状况以及人生哲理的歌。傈僳族生活歌内容极为丰富，形式多种多样。在新中国成立前的旧社会，由于傈僳族人民深受反动统治阶级的剥削和压迫，生活极为贫困和艰难，因此，在傈僳族生活歌中，关于傈僳族人民生活艰难、痛苦的"苦歌"占了相当的比重，尤其是关于妇女和孤儿不幸遭遇的悲惨的"生活苦歌"，更具代表性。这方面的歌，凄凉悲切，催人泪下，如《女儿哭诉的歌》《女流歌》《苦歌》《孤儿歌》《心酸歌》《放羊躲雨歌》《越荒年》等。也有不少作品是反映傈僳族人民人生态度和人生经验的，如《老大歌》《感恩歌》《感悟歌》《寻亲访友》等。

◀ 唱感恩歌

◀ 情歌对唱

情歌 情歌是指以反映爱情生活为主题的歌谣。傈僳族情歌不仅数量众多，流传广泛，内容极其丰富，而且极为优美、动听、感人，具有很高的思想性和艺术性。从傈僳族情歌丰富多彩的内容可看到，在傈僳族男女爱情生活的全过程中，几乎都有情歌相伴随。这些情歌，歌颂了纯洁忠贞的爱情，抒发了男女由于相爱而激发出来的悲、欢、离、合和喜、怒、哀、怨的思想感情，很多情歌唱词优美、动人，脍炙人口。

仪式歌 仪式歌是指在民间祭祀、节日庆典、婚丧、生日、命名、迎宾待客、进新房等场合吟唱的歌谣。

儿歌 儿歌，又称童谣，傈僳语称"然尼木刮"。傈僳族儿歌一般由大人根据其生产、生活、人生经验和传授目的以及儿童的心理特点、接受能力、理解能力、情趣需求创作的，并在一代代大人的传授下，逐渐成为孩子们自己的歌谣。也有的儿歌是由孩子们自己在游戏、娱乐场合即兴随口编唱后被细心的家长们记下来或由孩子们一传十、十传百传下来的。儿歌是傈僳族儿童小时接受教育的重要工具，因此，傈僳族地区儿歌流传广泛，数量众多，内容丰富多彩，形式多种多样。

民间舞蹈

舞蹈，傈僳语称"瓜其"。"瓜其"，由于翻译者的不同，有的书中有"瓦器"等不同写法。表演舞蹈称"瓜其其"或"瓜其邓"。傈僳族舞蹈题材广泛，内容丰富多彩，涉及人们的生产劳动、日常生活及同自然界做斗争的过程。表现生产劳动的舞蹈有《生产舞》《割谷子舞》《播谷子舞》等，表现生活的舞蹈有《婚礼舞》《洗衣舞》等，模仿动物

婚礼当晚，大家围着篝火通宵达旦打跳

▸ 传统舞蹈

动作和习性的舞蹈有《阿尺莫刮瓜其》《鸡吃食舞》《猴抓虱舞》《鸽子喝水舞》《鸟王舞》等。

傈僳族舞蹈大都以起奔、口弦、笛子、葫芦笙伴奏，也有没有伴奏的，如《生产舞》《脚跟舞》等。舞蹈的形式大多为集体舞，通常是舞者围成一个圆圈，舞蹈步子按圆圈儿来进行，若有伴奏者，伴奏者在中间边伴奏边舞蹈。舞蹈的动作古朴、粗犷、豪放、活泼多变，具有鲜明的民族特点。下面介绍一种属于模仿动物动作和习性的舞蹈《阿尺莫刮瓜其》。

《阿尺莫刮瓜其》："阿迟"，傈僳语音译，意为"山羊"，《阿尺莫刮瓜其》，又称为《模仿山羊发声和动作的歌舞》或《阿尺木刮舞蹈》。《阿尺莫刮瓜其》过去主要流传在今维西傈僳族自治县康普乡、巴迪乡、叶枝镇一带，现在已在傈僳族人民中慢慢得到普及。由于该舞蹈不仅具有浓郁的民族特色，而且具有较强的艺术感染力和观赏性，因而在国内外享有盛誉，被列入国务院首批国家级非物质文化遗产名录。

《阿尺莫刮瓜其》为无乐器伴奏的歌舞，舞蹈自始至终为踏歌而舞，舞步随歌唱的节奏而变化，音乐以"阿尺木刮"为主，领唱与合唱相结合。舞时分男女两队，每队有一名领唱者，其余的为伴唱。开始时可由任意一方先领唱。如男队领唱者领唱，参舞者随着节奏按顺时针方向跳，到最后一句，男队成员用衬词帮

阿尺莫刮舞

腔合唱,然后停止歌唱,全队成员按原节奏踏脚起舞两圈儿。接着女队领唱者领唱,舞者照样舞动,女队成员照样在最后一句时衬词帮腔合唱,全体照样踏脚起舞两圈儿。如此循环往复,节奏由慢到快,根据不同时间、场合所要表现的内容等具体需要,决定舞蹈时间的长短,可长时间跳下去。

《阿尺莫刮瓜其》共有10余种跳法,而每种跳法都有其自己的名称,可自成一个独立的舞蹈。跳时可随人们的习惯只跳其中的一种或几种。最为流行的传统跳法有10种,即"左俅邓"(舞圆环)、"腊腊邓"(进退舞步)、"洒托闭"(三步跺脚)、"阿迟邓"(跳山羊)、"搓玛得"(对脚板)、"阿来几"(龙盘旋)、"别别玛"(舞旋风)、"切勒涡只泼"(磨盘旋转)、"矣然邓"(跳迎宾客)、"玛奇坦"(寻求爱侣)。其中"阿来几""切勒涡只泼""矣然邓"几种跳法难度较大,现在只有一些老人会跳;而"玛奇坦"主要是青年人跳,并且只能在特定的时间和环境内跳。

民间乐器

乐器是傈僳族民间音乐生活中不可或缺的重要组成部分,它与傈僳族人所唱的歌调一样,表现内容广泛。很多人尤其是年轻人都能熟练地演奏几种乐器。主要的乐器有"起奔""处出""菊律""笛哩吐""阿朴比"等。

"起奔",是傈僳族古老的弹拨乐器之一,形状类似内地的琵琶，口弦即有圆形的，也有方形的。一般用桑木、红豆杉、秃杉等材料制作。制作工艺流程为选材—剖模—制作—抛光—定音。通常有四根琴弦，音色柔和清晰、明快。演奏形式大多为独奏，同时也是"瓜其"（舞蹈）伴奏的主要乐器。傈僳族"起奔"乐曲有10多种。

口弦琴

◀ 三弦琴表演

"处出"，即口弦，是傈僳族的传统乐器之一，也是青年男女最喜爱的乐器之一。他们将口弦放在精制的竹筒里挂在胸前或放在随身背的包里，在劳动的间隙也要吹奏一会儿。口弦有三种，即单口弦、三片口弦、四片口弦。弹奏时左手将竹片由高音到低音横置于口前，右手轻轻弹拨竹片，口形时有变化，用来改变发出的音调。口弦最大的特点是富于表现抒情曲调，是傈僳族人民尤其是青年男女交流思想感情时不可或缺的乐器。傈僳族口弦乐曲有100多种，较流行的有50多种。

"菊律"，即横笛。傈僳族的笛子，音色高亢、婉转。既用于独奏，也用于"瓜其"（舞蹈）的伴奏。

竹笛

"笛哩吐"，即直笛，比横笛短，音量小，但音色柔和优美，多用于表喜庆场合的独奏。

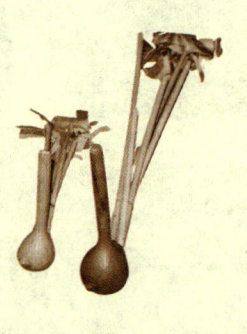

葫芦笙

"阿朴比"，即葫芦笙。傈僳族喜爱的吹奏乐器之一。其制作方法是选取形状美，适合做葫芦笙的长颈葫芦，放在干燥背光处自然荫干，然后将葫芦心挖空作共鸣箱，再在上面插上3~6根每根根部装有铜质簧片的竹管，竹管的下方各钻出一小孔。阿朴比音色优美，音量适中，可以独奏、合奏，也是"瓜其"（舞蹈）时不可缺少的乐器之一。

第四章
民间文学

　　傈僳族是个历史悠久、勤劳勇敢、富有创造精神的民族。在漫长而曲折的社会历史进程中,傈僳族创造了本民族独特而丰富的传统文化(包括精神文化和物质文化),并使之成为中华传统文化的一个组成部分。由于傈僳族早期没有文字,本民族诸多的文化现象和文化形式都以口头传承的方式代代相传、袭宗承源。民间文学成了这个民族多功能的记录工具,成了各种文化现象的集中代表和集体智慧的结晶。

神话

傈僳族神话，按其所表现的主题可以分类成创世神话、自然神话、人类再生神话、图腾神话等。这些神话反映了远古时代傈僳族先民对世界起源、自然现象和人类社会生活的朴素认识和理解，表达了傈僳族先民征服自然、追求美好生活的愿望和理想。

创世神话

创世神话是解释开天辟地、宇宙或天地形成、人类和万物起源、民族产生的神话。傈僳族有关这类神话很多，主要作品有《木布帕木布帕》：傈僳语音译，意为"造地球的人"。木，意为地方、地球；布，意为捏；帕，又写作"扒"，意为人。《猕猴变人》《冰天鹅冰蚂蚁造天地》《开天辟地》《天、地、人的来历》等。

木布帕捏地球 在远古时代，傈僳语称"阿奴奴台"，没有地。虽有天，但天像云彩一样浮动着，没有东西支撑它，随时都有掉下来的危险。力大无比、一天能绕天走一圈儿的天神木布帕决心捏个地球来托住天，于是天神辞别了父母妻儿，背着天泥来捏地球。他每捏出一块平地，就在上面种上花草树木，还捏放了飞禽走兽，使这些地方花草树木繁茂，到处是虎吼猿啼，百鸟争鸣。正当天神木布帕夜以继日地捏地球时，降灾降难的魔王尼瓦帝告诉他，他的儿子死了，以阻止天神的造地行动。天神木布帕十分伤心，但他化悲痛为力量，继续捏着地球。不久，魔王尼瓦帝又告诉木布帕，他的妻子死了。为了完成自己的心愿，天神再次强忍悲痛坚持捏地球。眼看地球就要捏好时，魔王尼瓦帝又来告诉木布帕："你的父母双双去世了。"木布帕终于承受不住这接二连三袭来的巨大悲痛，把没有捏完的泥坨扔向已造好的大地，泥坨有的打进地里，成了峡谷深涧；有的落在地面上，成了高山奇峰。还未捏完的地球的一小块边，成了河水流淌的地方。虽然地球还有一小块边未捏完，但从此地球支撑着天，天笼罩着地，天为雄，地为雌，天地配成了一对夫妻。

冰天鹅冰蚂蚁造天地　远古时，没有天，也没有地，天气很冷，结冰的时间很长。过了很久，半空中凝结成了一根很长的冰葫芦藤。藤上结了五个不同形状的葫芦。最大的一个葫芦是细腰葫芦，上层住着一对冰天鹅，下层住着一对冰蚂蚁。第二个是个圆葫芦，里面有个太阳。第三个也是圆葫芦，里面有个月亮。第四个是个长葫芦，里面长着一棵松树。第五个葫芦为椭圆形，里面住着造天神俄沙扒莫。

> **知识链接**　**俄沙扒莫**　"俄沙扒莫""乌桑""乌萨"等，均为天神之名谐音的不同写法。

五个葫芦越长越大。后来，一阵大风吹过，细腰葫芦爆裂开了，一对冰天鹅和一对冰蚂蚁从葫芦里出来，一同商量，冰天鹅朝上造蓝园，冰蚂蚁往下造绿园。两个冰天鹅用自己的口涎和蓝羽毛粘连成蓝色的天。两只冰蚂蚁也造好了地，它们又向冰天鹅要了四根长羽毛，东南西北，一方插一根，搬来碎石块，绑在羽毛上，便造成了绿园。冰蚂蚁的子孙多，绿园造得又大又平。而冰天鹅子孙少，蓝园造得小。蓝园和绿园，一个大一个小，重合不起来。冰蚂蚁就把绿园拉褶皱起来，这样就有了山，有了沟，有了山梁子，有了坪坝。蓝天、绿地就这样造出来了。

那时，到处一片漆黑，冰天鹅飞上去用翅膀撞开第一个圆葫芦，滚出一个圆圆的太阳；冰天鹅又撞开第二个圆葫芦，滚出一个月亮，撞碎的冰块变成了星星。蓝天上有了太阳、月亮、星星。接着，冰天鹅又撞开长葫芦，把葫芦里长的松树移栽到绿地上。不久，松树上结满了各种各样的树种和粮种。冰天鹅张开翅膀撞松树，树种和粮种飞落到绿地的四面八方。绿地上长满各种树和庄稼。冰天鹅最后撞开那个椭圆形葫芦，葫芦里走出来俄沙扒莫。冰天鹅对他说："你去分开天地，管好蓝园和绿园。"俄沙扒莫同意了，他站在半空中伸开大手说："从今天起，我手底下的绿园为大地，手上面的蓝园为蓝天。空中没有冰星的叫太阳，有冰星的叫月亮。太阳白天出来，月亮晚上出来。"

从此以后，天和地分开了，白天太阳出来照大地，夜晚月亮出来照行人。

自然神话

自然神话是解释风雨雷电、日月星辰运行、日食月食等自然现象及其变化的神话。傈僳族自然神话常与创世神话结合在一起。傈僳族有关这类神话的主要作品有《太阳和月亮》《天狗吃月亮》《日食的来历》《鸡窝星的传说》《彩虹》《横断山脉的传说》等。

太阳的故乡

太阳和月亮 远古时,白天天上同时出九个太阳,夜晚同时出七个月亮。白天,火热的太阳光照使大地上的花草、树木、庄稼都晒死了,河里的水晒干了,牲畜有的晒死,有的渴死;而夜晚,七个月亮把大地照得冰冷难耐。人有的被晒死,有的被冻死,无法再生存下去。于是,人们请来一位最有智慧的人,设法制服给世间带来灾难的这些太阳和月亮。这位富有智慧的人用大弩弓射下了八个太阳和六个月亮。剩下的一个太阳和月亮怕得躲藏起来,不敢出来了,天地变得一片漆黑,人们又遭受新的灾难。那位富有智慧的人便请百鸟鸣唱,以哄太阳和月亮出来,但它们始终不敢出来。最后,智者请大公鸡叫太阳出来,公鸡鸣叫三遍后,终于将太阳和月亮先后叫了出来,人间有了正常的白天和黑夜。

天狗吃月亮 远古的时候,怒江边的一座山崖上,住着一对夫妻,男的叫格士力,女的叫都玛吾。他们刚结婚不久,养有一只大黑狗。丈夫一直想爬到月亮上去看看究竟,于是他砍了六年的竹子。终于用竹子做成了登月用的梯子。梯子的最上面搭在月亮上,梯子的两只脚绑在自家门口的两棵龙竹上。丈夫临走时,吩咐妻子每天都要给龙竹浇一竹筒清水,不然龙竹干死了,他会从梯子上摔下来。家里的大黑狗也随男主人爬上了月亮。一天又一天,一月又一月,妻子都玛吾分娩了,连续多日不能给龙竹浇水,龙竹渐渐干死。此时,格士力和大黑狗已爬到了月亮边上,爬在前面的大黑狗跃身登上了月亮，而格士力的手刚摸到月亮，竹梯就断了。格士力摔亡。大黑狗再也回不来了，每当饿了，它就啃吃月亮，人间便看到了月食。大黑狗啃月亮时，人间有的地方杀猪宰羊，向天朝拜，祷告大黑狗不要吃月亮；有的地方拿出铁器敲击并高声呼喊，吓唬大黑狗停止吃月亮。

从上述两则傈僳族自然神话中可以看出，傈僳族先民不仅对自然现象给出了他们特有的观察、理解和解释，而且展示了他们崇尚和赞颂智慧及勇于探索、勇于奉献、不畏艰难、敢于创造、敢于牺牲、积极向上的崇高精神，以及不同民族本是兄弟的团结意识。

人类再生神话

人类再生神话是叙述和解释人类在遭遇世界性灾难后再次繁衍的神话。傈僳族的这类神话多与洪水泛滥淹没大地联系在一起，如《洪水》《洪水滔天》《洪水泛滥》《洪水滔天和兄妹成家》《傈僳族的由来》《天翻地覆的故事（创世纪）》等。下面选取几则作品，从中读者可以了解傈僳族人类再生神话的概貌。

洪水滔天和兄妹成家 古时候，洪水滔天，除勒赤勒散和双赤双散兄妹由于躲进葫芦里得以幸存下来外，周围其他人都死光了。为了繁衍后代，兄妹决定分头去找其他幸存的人成婚。临行前，兄妹俩将梳子劈成两段，各带走一半；将一根木棍杖截成两截，各持一截。妹妹双赤双散往南方找人，哥哥勒赤勒散往北方找人。他们历尽千辛万苦，找得哥哥鬓发已白，妹妹额上已有皱纹，在地中心相遇时已互不相识了。兄妹各自拿出一半梳子和棍杖对接，才知道是亲兄妹。哥哥对妹妹说："我们俩成婚吧，不然人类会绝种的。"妹妹说："我们是亲兄妹，不能成婚啊！"哥哥说："不能就这样让人类绝种啊！"妹妹说："那我们问问天，问问地，赌上咒，要是天同意，地允许，

傈僳族的由来

我们就成婚。"哥哥同意。妹妹说:"我们先滚磨盘。你从那座山上滚,我从这座山上滚,如果磨盘滚到山下箐沟里,磨盘上扇和下扇合在一起,说明天同意、地允许我们结婚,否则就不能结婚。"结果,两扇磨盘合在一起。哥哥说:"可以成家了!"妹妹又说:"还要射穿麻团心,要是天同意,地允许,就能射穿麻团心,否则射箭箭头偏,张弩弩弦断。"哥哥一箭就射穿了麻团心。哥哥说:"我们可以成婚吧?"妹妹说:"再来射破针眼。"哥哥一箭又射破了针眼。最后兄妹俩眼泪汪汪地成了家。

成亲后,他们生儿育女,繁衍后代。所生的孩子中,一个是傈僳族人,说傈僳话;一个是汉族人,说汉话;一个是独龙族人,说独龙话;一个是怒族人,说怒族话;一个是白族人,讲白族话。

天翻地覆的故事(创世纪) 古时候,有两个兄弟去开荒,当天开挖好的地,第二天又无缘无故地被复原。第二天挖好的地,到第三天仍被复原。于是,那天挖好地后,兄弟俩躲在地边,想探个究竟,发现是一个天神所为。弟弟想用弩弓射杀天神,哥哥不同意不问明原因就杀天神。他们便走过去问天神,天神说:"要发洪水了,种上的庄稼也来不及收了。你们要杀一头黑牛,剥下它的皮制成皮囊,住进里面。"并送他们一把锄头、一个犁铧、一把镰刀、一根针、一只公鸡和一只猫。但是,弟弟说什么也不愿住进牛皮囊里。

到了晚上,洪水真的泛滥了。洪水过后,除了住进牛皮囊的哥哥,人类都死绝了,见此惨景,哥哥痛不欲生。突然他看见有一间房屋冒着炊烟,走进一看,屋里蒸有一甑子香喷喷的米饭,原来这是天神的孙女做的饭。在天女的帮助下,哥哥顺利通过了天神对他的种种艰难曲折的考验,成为天神的孙子,并与天女结为夫妻。他们生育了六个男孩,但长大了都不会说话。天女便去问天神爷爷,天神爷爷说需要祭天。他们祭完天回到家,看到一匹马在菜园里吃菜,一个男孩儿用傈僳语说:"马吃菜啰!"这个男孩儿就成了傈僳族;其余男孩儿分别用汉语、藏语、纳西语、白语、怒语分别说:"马吃菜啰!"就分别成了汉族、藏族、纳西族、白族、怒族。从此以后世上才有了各种人。

傈僳族的人类再生神话作品与他们的初生创世神话作品相

比，有一个突出的特点，就是傈僳族先民对自身的探索更为主动和积极，对自身所处的社会的理解更加深刻。在再生神话阶段，他们已意识到人类自身的产生是男女两性婚配的产物，并且，这一时期的神话作品，故事情节的表述更接近于他们的现实生活实际，如不仅涉及自身和自身民族，也谈及了与自己世代同居一地的兄弟民族的起源问题。

从傈僳族的人类再生神话，我们可以看到在这一时期，傈僳族先民的婚姻形态发生了质的变化，他们已意识到了血亲婚配违背天伦，违背常规，违背他们现行的道德标准。因此，只有通过婚前不可思议的种种难题考验来表明这种婚姻的不得已而为之。同时，表明这一时期的傈僳族先民已试图修正原来神话传统中的一些不合理的内容。

图腾神话

图腾神话是讲述一个氏族与该氏族图腾物的关系的神话。傈僳族的这类神话流传下来的比较多，主要作品有《猫头鹰氏族的来历》《虎氏族的来历》《熊氏族的故事》《荞氏族的由来》《鱼氏族的由来》《麻氏族的由来》。

猫头鹰氏族的来历 一个到有钱有势的大户人家做上门女婿的穷小伙子，由于无法忍受妻子的谩骂和侮辱而毅然离家出走。在旅途中，他认识了一个同自己一样穷困潦倒的姑娘。两个人情投意合，彼此关照，渐渐产生了爱情，遂结为夫妻。后来，这个妻子有了身孕，小伙子又不便将妻子带回老家，只好让她住进了山洞。妻子生下了一个男孩儿，小伙子每天外出打猎，想以猎物给妻子补充营养，可是过去常常猎获而归的他，此时连续几天没猎到任何猎物。产后的妻子由于没有东西吃，一次次地饿昏过去；孩子也由于母亲没有奶水给他吃，饿得啼哭不止。作为丈夫和父亲，小伙子的心里难受得像刀绞一般。

正当小伙子万分着急的时候，山洞外传来一阵猫头鹰的叫声，他立即拿起弩箭跑到洞口，突然"咚"的一声，一只又肥又大的山鸡掉到了他面前，它还没断气呢。原来，这只山鸡是猫头鹰叼来的。妻子吃了山鸡，逐渐恢复了元气，有了奶水，孩子不再啼哭了。奇怪的是，从此以后，孩子的父亲每次去打猎，都是满载而归。一家人不再为生活犯愁，孩子长得健康结实。孩子的父母为了感谢猫头鹰帮他们一家渡过了难关，给他们带来了好运气，便给自己的小男孩儿起了一个很有纪念意义的名字叫"咕扒"（意思为"猫头鹰小子"），同时把猫头鹰视为神鸟加以保护。后来，"咕扒"发展成为一个大氏族，取汉姓为欧氏。

◀ 竹子

傈僳族的图腾神话丰富多彩，以上所举的几则只是其中的一小部分。从傈僳族的图腾神话中，我们可以看到傈僳族先民的图腾多为动物，主要有虎、熊、猴、羊、蛇、鸟、鱼、鸡、蜜蜂等；其次为植物，主要有麻、茶、竹等。而且他们的神话体现着明显的图腾意识，而图腾意识作为一种宗教信仰，把傈僳族先民社会中的个体与群体紧密地联系在一起，这个联系的桥梁便是被群体所接受的图腾物。傈僳族先民通过他们创作的图腾神话使他们的图腾信仰、图腾标志、图腾名称及图腾禁忌、图腾外婚等神圣化和合理化，使社会成员们有了团结一致的精神支柱和维护自身社会秩序的行动准则。

民间传说

傈僳族的民间传说是傈僳族群众以一定的历史人物、历史事件或地方风物等为根据，以口头方式创作并以口头方式传播的叙事作品。虽然其中有幻想、虚构、附会等成分或情节，但在本质上是真实的，它反映出了傈僳族人民群众的思想感情和历史观，具有民族性、历史性、地方性、传奇性等基本特征。

傈僳族的民间传说也是丰富多彩的。这里仅以人物史实传说为例加以介绍。

人物史实传说主要是以历史上著名人物、著名历史事件为中心的传说。这类传说主要作品有：关于傈僳族历史上著名英雄人物木必扒的传说。

有关木必扒的传说很多，因为他是傈僳族历史上著名的英雄人物。据历史传说，木必扒是由"瓦巴"（约在今维西傈僳族自治县）一带最早进入云南省怒江地区的代表性人物，是傈僳族荞氏族的首领。在明嘉靖至万历年间，丽江军民府纳西族木氏土知府与乌思藏之间争夺临西（今维西）、津州（今丽江市巨甸）等地的战争中，以木必扒为首的一支傈僳族军队站在木氏土知府一边，与乌思藏军队激战。木必扒率领的傈僳族军队英勇善战，屡屡取得胜利，使乌思藏军队节节败退。但木氏土知府总是让傈僳族军队冲锋在前和专打硬仗的阴险做法，伤了木必扒的心，也使木必扒产生了警觉。于是，木必扒带领他的武装队伍由澜沧江江东撤离至江西，进而又进入怒江地区，并逐渐成为统治怒江地区的大首领。

关于木必扒的传说。

上山打虎 皇帝见木必扒有勇有谋，担心他将来会对自己的统治和地位构成威胁，便一心想把他除掉而后快。当时皇宫的后山上来了一只猛虎，伤害了很多人畜，百姓的生命财产遭受到极大损失，人心惶惶。皇帝想借这只猛虎除掉木必扒，便派木必扒去擒虎。木必扒虽然知道皇帝的歹毒用心，但为了百姓的平安，他毅然上山打虎。当木必扒扛着被他打死的老虎来见皇帝时，皇帝吓得全身颤抖起来。

木必扒的传说

关于恒乍绷的传说。

有关傈僳族农民起义领袖恒乍绷的传说也很多。恒乍绷，不同文献中有写作"恒乍崩""恒兆绷""亨柘坪""藤鲊蟒"等，均系傈僳语音译异写。恒乍绷早年以行医、宗教为业，是维西厅（今维西傈僳族自治县）傈僳族的宗教头人。嘉庆六年（1801），为反抗清朝反动统治者沉重的民族压迫和残酷的经济剥削,恒乍绷领导发动了以傈僳族农民为主体,有汉、独龙、普米、白、纳西、藏等族人民参加的声势浩大的抗清武装起义。起义最后虽然失败了,但持续三年之久的武装抗清斗争,给清朝统治者以沉重打击,恒乍绷亦成为我国西南历史上著名的民族英雄,他的斗争业绩为一代代傈僳族人民所传颂,在民间留下了许多关于他的传说。这里仅介绍几则。

练武行医 恒乍绷出生在一个叫绵羊古的傈僳族村寨。这里山高坡陡,澜沧江从此流过,正是"深山出猛虎,大江出蛟龙"的地方。他的父亲恒饶扒,不仅精通草药,为他人治病从不收取药费,而且擅长制作弩弓和射术。恒乍绷从小随父亲学医、行医、习武射箭。15岁时,他已练就了一身武艺,能在20步之外箭箭射中指定的筛子孔;30步箭箭射穿父亲挂在树枝上的铜钱孔,箭箭射中父亲指定的刀刃,使每支箭平均劈成两半。在父亲的精心培养下,恒乍绷不仅武艺越来越精湛,医疗水平更是炉火纯青,被患者认为是"神",是"神仙下凡"。

20岁时恒乍绷已是身材高大、力气超人的青年,成为父亲的得力助手。父亲去世后,他继承了父亲遗志,关心乡亲们的疾苦,行医行善,分文不取,而且每次都能药到病除。因此,他的名声越来越大。

关于勒墨夺扒的传说。

近代以来,帝国主义国家争先恐后侵略我国,进行野蛮的武力压迫和无情的经济掠夺,激起了热爱祖国、热爱自由、富于革命传统的英雄的傈僳族人民的无比愤怒,他们纷纷拿起弩弓、长矛、铜炮枪等原始武器,与侵略者进行英勇顽强的斗争,写下了一首首可歌可泣的爱国主义诗篇。有很多傈僳族民间传说真实、生动地反映了他们抗击帝国主义侵略,抵御外侮的英勇事迹,热情讴歌了他们高度的爱国主义精神和对祖国、对家园的深厚情感。

1910年底,英国侵略军占领了我国的片马地区。片马管事勒墨夺扒及其族舅褚来四带领一支100多人的号称"蓑衣兵"的抗英武装抗击英国侵略军。褚来四从小习弩、弄刀,练得一身绝技:从房上滚下一个南瓜,瓜未落地,他能连续射中三箭;往空中抛出一节竹竿，不等竹竿落地，他能飞刀将竹竿砍为三截。这支抗英武装在褚来四的带领下，利用当地复杂的地形条件，神出鬼没，以强弩毒箭从山上放滚石檑木下山，挖陷坑支竹签、支地弩，截断水源，在英军饮用水中投下毒药等办法与英国侵略军展开战斗，打得英军晕头转向，不敢动弹一步，只能龟缩在营房里，迫使英军于第二年不得不承认片马、古浪、岗房各寨属中国领土。

民间故事

傈僳族民间故事是指除傈僳族民间神话、民间传说以外的散文体口头叙事文学。它既不具有傈僳族古老神话的神圣性、原始性和自发性，也不具有其传说的纪念性、历史性和可信性。它基本上是娱乐性的，而且被认为是虚构而成的，但它在傈僳族社会中具有重要的教育功能和伦理意义。傈僳族民间故事数量众多，内容极为丰富，下面将其分为幻想故事、生活故事、动物故事三类加以介绍。

《丽江傈僳族民间故事选》书影

幻想故事

幻想故事有的学者又称之为神奇故事、魔法故事、变形故事或民间童话。这类故事，通常是讲述故事主人公在超自然力量的帮助下，奇迹般地实现自己的理想或愿望。具有幻想性强、故事结构完整、故事情节神奇、故事人物"善有善报，恶有恶报"等特点。

傈僳族幻想故事的内容十分广泛，有反映傈僳族人民群众传统道德观念的，有反映统治者与被统治者斗争的，等等。

生活故事

生活故事又称"写实故事""世俗故事"。这类故事的题材主要是反映人民群众的日常社会生活，故事主人公大多为现实生活中的普通人物，较少幻想情节，具有浓厚的生活气息，很强的现实性和鲜明的阶级倾向性。傈僳族的这类故事，直接具体地表现了他们现实生活中的阶级矛盾、伦理道德观念、劳动生活和他们以劳动创造幸福的思想和愿望；讽刺和鞭挞了剥削阶级，歌颂和赞美了劳动者。

讲故事

动物故事

动物故事，这里是指以动物为主人公，描述动物的形状、特征，展现动物之间矛盾和纠葛并以此来反映人间社会种种复杂的社会关系的民间故事。傈僳族动物故事数量众多，内容丰富，寓意深刻。主要作品有《狗找朋友》《老熊和蚂蚱》《牛为什么没有上门牙》《兔子和熊》《马为什么不会长角》《"漏"的故事》《老虎怕"漏"》《老虎、小偷和"漏"》《蜜蜂、岩蜂和葫芦蜂》《狗为什么恨猫》《老虎和兔子比赛摇尾巴》《狐狸妖精和人偷马的故事》《人为什么看不到蛇的脚》《癞蛤蟆和老虎》《小白兔智斗大老虎》《兔子和穿山甲》《蚂蚁为什么不上树做窝》《医筋骨疼的网袋》《獐子和老虎》《螳螂的眼睛为什么是鼓的》《青蛙和老虎比武》《猴国和蚱蜢国的战争》《腊玛登》《兔子为老虎治眼疾》《乌鸦为什么是黑的》《猫头鹰和老鼠》《老虎、狐狸和青蛙的故事》《兔子和野猫》《兔子和老虎》《老虎怕青蛙》《蝉肚子为什么是空的》《蛇的毒性为什么比土蜂大》《猴子的屁股为什么红》《水牛和老虎》《熊眼睛为什么小小的》《青蛙和老虎比赛爬坡》《老虎困在旋风洞》《比赛过河》《跳树杈》《青蛙和老虎的故事》《熊的眼睛》《兔子和熊》《麂子和穿山甲》《獐子和老虎》《谁的亲戚多》《狗熊的眼睛》《兔子为什么长耳短尾》《兔子巧斗老虎》《小兔和豹子》《鱼为什么没有牙齿》《狗和猫》《猪和狗》《狗、猫、山羊》《螳螂与蜥蜴》《蛤蟆智胜小花兔》《兔子断官司》《兔子帮助孤儿娶媳妇》《兔子的红眼睛和短尾巴的由来》《骗人的兔子》《猴子和水牛的故事》《蚂蚱智斗猴子》《谁的过错》《麂子的皮毛为什么是红的》《蛇皮的演变》《鸡的故事》《喜鹊和布谷鸟》《背背笼和布谷鸟》《骂哥雀》《"国奇罗"雀和"阿窝罗"雀的故事》《乌鸦的来历》《乌鸦为什么怕弩弓》《乌鸦和箐鸡》等。

狡兔诓世

这些动物故事，不仅生动地介绍了傈僳族人民所熟知的一些动物的形状、习性、特征等，而且从傈僳族传统伦理道德观和正义观出发，将动物人格化，生动地揭示了真善美必定战胜假恶丑，正义必定战胜非正义的积极的思想主旨，其中凝聚着傈僳族人民的智慧、人生态度和思想感情，表达出了傈僳族人民的追求和积极向上的精神。

第五章
独特风情

　　傈僳族具有独特的农耕文化、姓氏命名、饮食文化、酒文化，还有绚丽多姿、色彩斑斓、款式多样，散发着一股古朴、大方、优雅与现代的韵味和气息，富有民族特色和地域特色的服饰文化，服饰成为傈僳族独特的标志和符号，服饰文化反映出傈僳族的人文精神、审美观、织麻布纺织技术水平等。傈僳族简朴稳固的木楞房、千脚落地房既可以防湿、防兽，且便于搬迁和兴建。

▲ 手抓饭

农耕与饮食

农耕

傈僳族大多居住于我国西南的怒江、澜沧江、金沙江等江河两岸的河谷山坡台地上。这些地区地形复杂,气候多种多样,土质肥沃,雨量丰沛,适于种植各种农作物。"一山有四季,十里不同天"的立体气候,河谷一线气候炎热,半山坡地带气候温和,山顶则气候寒冷,为农业生产提供了得天独厚的自然条件,因此,傈僳族主要以农耕为生。

农作物品种繁多,有数百种。粮食作物主要有玉米(包谷)、稻谷(包括水稻、旱稻)、高粱、荞麦(包括苦荞、甜荞)、大麦、小麦、稗子等;豆类有黄豆、蚕豆、豌豆、四季豆、饭豆、绿豆、芸豆、树豆等;瓜果蔬菜类有黄瓜、冬瓜、南瓜、洋芋、萝卜、蔓青、茄子、青菜、小白菜、辣子等。

1. 因地制宜的生产方式。新中国成立前,傈僳族根据其居住

▲ 傈僳族砍刀

地区地形地势、自然生态条件及作物种类等因素的不同,因地制宜,采取不同的生产方式进行农业生产。将耕地分成轮歇火山地(35%)、锄挖地(25%)、半坡缓坡牛犁地(35%)及水田(5%)四种类型。

2. 实用无华的农耕工具和粮食加工工具。

农耕工具。农耕工具是农耕文化的重要组成部分,也是傈僳族赖以生存、发展的生产技术要素之一。与傈僳族地区多种多样的地形、气候等条件孕育出的不同生产方式相适应,傈僳族的农具主要有砍刀、铁锄、铁犁、镰刀、斧头等,还有一些辅助性的竹木工具。长刀是傈僳族生产生活中不可或缺的工具,被称为"万能刀"。

农具

粮食加工工具。历史上,傈僳族人民传统的粮食加工工具主要有脚碓、手推磨、手碓、水碾、水磨、水碓等。这些粮食加工工具如同生产工具一样,在傈僳族人民的生产生活中曾经发挥过巨大的作用。

手磨

3. 播种习俗。在每年春耕播种农作物前,傈僳族要挑选好开播的吉日,并举行祭祀"米斯尼"的仪式,各家各户还要单独祭祀米斯尼,祈祷保佑庄稼获得丰收。

脚碓

> **知识链接** 米斯尼
>
> "米斯尼"是傈僳语的音译,"米"意为地、土地,"斯"意为主人,管理者,"米斯尼"即地神、大地的管理者。
>
> 米斯尼的地位等级仅次于天神乌萨,负责管理大地上的万物及其精灵。人们垦荒、伐木、建房、捕鱼、狩猎等,须向米斯尼祈祷,并且事先要举行祭供仪式。

4. 田间管理技术。播下种子长出幼苗后，农作物的田间管理就开始了。幼苗期要注意防范野兽、鼠类、鸟雀或家畜去吃幼苗，同时要留意有无不长苗的地方，以便及时补种或从苗密的地方间苗移植上。

犁田路上

> **知识链接** **刀耕火种** 也称原始农业经营方式。是新石器时代残留的农业经营方式，属于原始生荒耕作制。先以石斧，后来用铁斧砍伐地面上的树木等枯根朽茎，草木晒干后用火焚烧。经过火烧的土地变得松软，不翻地，利用地表草木灰作肥料，播种后不再施肥，一般种一年后易地而种。由于经营粗放，亩产只有50千克左右，俗称"种一偏坡，收一箩箩"。

泥巴菜

野百合尖

野香椿芽

刺龙苞

采集、狩猎及捕鱼技术

傈僳族居住的地区野生动植物资源极为丰富，傈僳族人民也因此靠山吃山、靠水吃水，创造了独特的生产生活形式。

采集 采集在傈僳族的生产生活中曾经占有一定的地位，每年从万物复苏的春天开始至10月份，都是采集野菜的好时节。野菜种类繁多，主要有车前草、刺龙苞、刺五加尖、蕨菜、苦茄子、苦圈圈儿、泥巴菜、蒲公英、水蕨菜、水芹菜、水香菜、野百合尖、野蒜、野香椿芽、野竹笋、竹叶菜等。采集野菜的任务都由妇女完成，因此，旧时傈僳族人家如果有孩子出生，生的是女孩儿，就说是"找菜的"；生的是男孩儿，则说是"放牛的"。

狩猎 傈僳族是一个热爱狩猎、善于狩猎的民族。狩猎的目的除了食用，保护人畜平安、庄稼生长和收成外，还用兽皮及可以入药的部分（熊胆、麝香、鹿茸等）换取生活所需物品（食盐等），因此，历史上狩猎在傈僳族生活中占有较重要的地位。

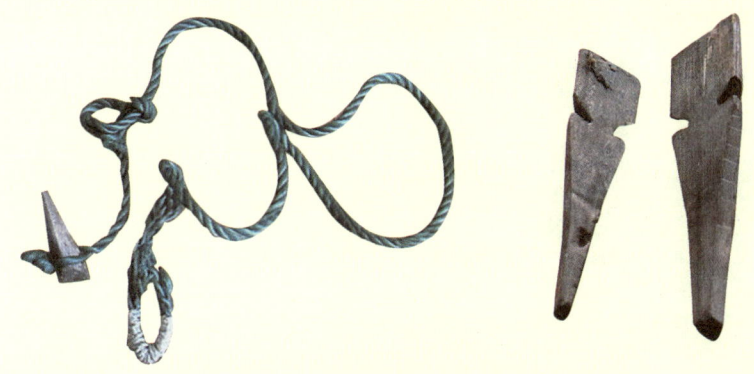

◀ 狩猎工具

捕鱼 捕鱼曾是傈僳族生产生活中的重要内容之一。傈僳族聚居的地区有怒江、澜沧江、金沙江"三江"及其众多的大小支流经过，三江及其支流里丰富的鱼类是傈僳族人民餐桌上的重要美食之一。

> **知识链接** **狩猎民族** 指专靠打猎，获得野生动物为生活主要来源的民族。一般说来，狩猎民族处于较低的社会发展阶段，利用和开发自然资源的能力还处于简单原始的状态。狩猎民族的生活资料来源，大多需要以采集等方式作为补充。由于生产效率低下，食物来之不易，在这些民族的部落中，一般采用生活资料的公有制。家庭和私有制刚刚出现，阶级分化不严重，按其社会发展的进程来说，这些民族大多处于原始社会的后期和奴隶社会的初期。

勤劳智慧的傈僳人民在长期的生产生活中，掌握了一整套利用大自然中的动植物资源改善自己生活的本领以及积累了丰富的农产品、禽畜产品的加工经验，形成独具特色的傈僳族饮食文化。

饮食

主食 傈僳族因大多数居住在高寒山区，主要种植玉米、土豆、荞麦等，少数地方种植水稻。所以，主食为玉米、土豆、荞麦、大米。其中，最具特色的有：包谷砂稀饭。制作过程：用木碓将干玉米粒的表皮薄壳舂脱干净（舂的过程中需要在玉米上洒

▲

苦荞粑粑

适量的温水，这样容易脱壳）。熬制玉米稀饭，另加豆类、肉类、蔬菜类及核桃、花生、漆油等辅料。一般用土锅熬制。包谷蒸饼。做法是用手磨将嫩糯玉米磨成糊状，再用勺将其舀放于嫩南瓜叶或紧裹玉米棒子的里层鳞片状嫩皮内，按瓜叶或玉米棒子嫩皮的形状包成长圆形或长条形，然后撕一条玉米棒子皮当绳儿，拴紧固定好玉米饼，放于蒸锅中蒸熟即可取食。

春米

肉食 傈僳族喜欢吃烧、煮、焖、炖的肉食，不论是猪肉、牛肉、羊肉、鸡肉，还是野味，他们都有一套烧、煮、焖、炖的方法。其中最有特色的烤乳猪成了傈僳族的传统名菜，成为傈僳族节庆活动及招待贵宾的主菜。

烤乳猪。它的制作方法比较独特和考究。先要宰杀一只尚未断奶或刚断奶的2~3个月大的小猪，用热水烫猪毛后煺净，清洗干净，开膛取出五脏六腑及猪脑，然后在肉厚的地方从里面多划几刀，脊骨也要从里侧劈成两半，这样便于受热均匀和调味品渗入肉里，但是不能伤及外观。

烤乳猪

野味 傈僳族多居于湿热山区、河谷，在长期与自然和谐相处的过程中，逐渐掌握了一整套靠山吃山，利

野蒜

用大自然的恩赐改善自己生活的经验，逐渐丰富发展了傈僳族人民的饮食文化。"吃山"，主要是吃山珍，如各种山野菜、菌类、野味等。

酒 傈僳族的酒种类较多，主要有糯玉米酒、玉米酒、糯米酒、米酒、旱谷酒、高粱酒、荞麦酒、蜜酒等。傈僳族的酒文化几乎渗到了社会生活的各个方面。婚丧喜庆、迎来送往、亲朋聚会、建新房进新房以及逢年过节等，均少不了酒。

酒的功用可谓甚多，有节酒、宴酒、婚酒、祭祀酒、进新房酒、团圆酒、歌酒、舞酒、洗尘酒、送行酒、礼酒等。傈僳族还在饮酒中，创造了酒德、酒规。

▲ 同心酒

▲ 团圆酒

> **知识链接** **酒德、酒规** 傈僳族酿出酒后，须倒一点在火塘边，接着用手蘸一点酒洒向天空，然后由老人先喝，最后年轻人才能喝。小孩子是不能喝酒的。每当宾客光临，必以美酒盛情款待。正式饮宴场合，一般讲究喝"三杯酒"，即交杯酒、倒杯酒和同心酒。交杯酒，是新结识的朋友为今后友好交往而干杯的初杯酒。饮法是两人或多人右手握住酒杯，互相挽手将自己杯中的酒一饮而尽；或互相将自己的酒杯举至对方的嘴边，面对面一饮而尽。倒杯酒，是为时常想念、友情深厚的老朋友而干杯。饮法是两人或多人举杯相连，然后各饮杯中酒，使杯底相聚相连；或两人或多人背靠背，将自己杯中的酒一饮而尽。同心酒，是为同心同德、永不变心而干杯，是诤友交心的合心酒。饮法是两人肩靠肩，头挨头，嘴贴嘴，紧搂肩膀，同握一杯（或连杯）酒，将酒饮尽。三杯酒是傈僳人传统的酒礼之一，它反映了傈僳人民热爱生活、热情好客、豪爽大方的情怀。

◀ 拦门酒

每逢节庆之日,傈僳族人民不但要举行庆典活动,而且还要进行与之相匹配的饮食活动,形成了独具特色的节庆饮食文化。

傈僳族是个十分讲究礼仪和重视美德的民族,这从日常饮食以及与饮食有关的一些仪规中就能看出来。傈僳族饮食文化遵循敬老先敬饮食,爱幼先从饮食始,情真意切待客人,帮吃帮喝情意浓,德重于食等基本原则和伦理规范。

姓氏及命名

姓氏及其演变

源自古老氏族图腾名称的姓氏 姓氏,傈僳语称"时"。傈僳族传统的姓氏大多源自他们古老的氏族图腾名称,如:"腊扒时"源自虎氏族,"窝扒时"源自熊氏族,"弥扒时"源自猴氏族,"业饶时"源自鸟氏族,"哇扒时"源自鱼氏族,等等。据不完全统计,此类姓氏有数十种之多,并且多流传有各自姓氏的来历传说。

腊扒时(虎姓)的来历传说:

远古时,有一位姑娘去山上砍柴,虎得知后变成一位英俊的男子,娶了该姑娘为妻,他们所生的后代即为虎氏族,都姓虎,即"腊扒时"。腊扒时的后代上山打猎都不许打虎。又如刮扒时(荞姓)的来历传说为他们的祖先由于擅长种植荞麦而得该姓氏。

有的姓氏的来历传说还不止一种。如汪扒时(鱼姓)的来历传说就有两种:一种是传说他们的祖先因为擅长捕鱼而得该姓氏;另一种传说是一则神话,叫《鲍鱼的故事》:

有个孤儿去江边钓鱼,钓到一条鲍鱼,带回家养在木槽里。每天他去地里干活后回到家时,发现饭菜都已做好,摆在桌上,让他吃现成的,他觉得很奇怪。有一天,他出门后又悄悄地回家,躲在门后看究竟。做饭的时间到了,从木槽里跳出一个美丽的姑娘,很快做好饭菜摆在桌上,又跳进木槽变成了鲍鱼。第二天,他又躲在门后,当鲍鱼变成美女在做饭的时候,他一把抱住她,对她说:"我是孤儿,家里只有我一个人,请你不要再变成

上山砍柴的姑娘

鲍鱼，就做我的妻子吧。"姑娘笑着点头答应了。他们繁衍了鱼氏族的后代。

其他各姓氏大多都有类似的来历传说。

传统姓氏的演变 随着历史的发展和对外交往的增多，傈僳族的传统姓氏文化渐渐受到汉族姓氏文化的影响，一些传统姓氏逐渐演变而"转成"或"对接成"汉式姓氏，甚至产生了新的"傈汉兼顾"式姓氏。如腊扒时：虎姓。在演变、转成汉式姓后有虎、腊、胡、拉、牢、罗、和、毛等姓。其中腊、拉、牢、罗是傈僳语音译；虎是意译；胡、和是意译后的谐音字；毛则是虎的谦称"猫"的谐音字。窝扒时：熊姓。在演变、转成汉式姓后有熊、欧、吴、学、孝、蛍等姓。其中熊是意译；欧、吴是傈僳语音译；学是"熊"的谐音字。弥扒时：猴姓。在演变、转成汉式姓后有侯、何、恒、和等姓，均为意译后的谐音字。

上面列举的傈僳族姓氏演变的基本情况，看似复杂，但细细追究，我们不难找出傈僳族姓氏演变的基本规律，即傈僳族的多数姓氏都有"根"有"源"，虽然有的已转成汉式姓氏，但通过傈僳族传统的"姓氏追踪"，就可找到不同姓氏的历史之根及其源头。

人生中经历的几次命名

傈僳族很重视命名，尤其是给孩子的命名。他们认为，好的名字会给人带来福气、健康和顺利。因此，他们的名字多用具有吉祥、理想、美好寓意的音和字词及自己喜爱的动植物名称，忌讳名字中出现贬义、不吉祥的音和字词。

> **知识链接** **严格的讳名制** 傈僳族有讳名习俗。他们忌讳直呼年长者和辈分高的人的名字，不得不叫名字时必须在他们的名字前冠以相应的称谓，如"阿以窝利"（哥哥窝利）、"阿窝腊扒干"（叔叔腊扒干）等，以表示对年长者和长辈的尊重；忌讳用不吉利、带脏的读音及字词；忌讳与父母或长辈的名字同音；忌讳与死者同名；忌讳用贬义的音及字词。

傈僳族人一生中要经历几次命名。出生不久要取"魂名"，在未成年前使用；上学读书时要取学名，学名要在上学期间、与外界联系或在外地工作时使用；结婚时要取喜名等。生儿育女后

▲

傈僳族
小男孩儿

▲

傈僳族
小女孩儿

以第一个儿女的名字加"扒"（父亲）或"妈"（母亲）字代替孩子父母的名字，不再直呼有儿女的父母的名字。

魂名 即乳名。一般男孩儿9天内、女孩儿7天内取好，因为傈僳族认为如果不及时给婴儿取名，鬼就会先来取名。取名一般要先问尼扒（巫师），由尼扒来取名；有的由祖父或亲戚中有威望的长辈取名；有的由孩子出生后第一个来看望送礼的至亲高朋取名；有的由孩子的父母取名。

取名的依据多种多样。有的生男孩儿则取与父亲名相关的名字，生女孩儿则取与母亲名相关的名字，有的根据孩子出生的这一年或这一天的傈僳族历法生肖属相取名，有的根据孩子出生时的际遇或形貌特征取名，有的以自己喜欢的动植物名作孩子名，有的按孩子的性别和长幼顺序取名，有的根据宗教信仰取名，特别是在基督教、天主教传入傈僳族地区后，取教名者也比较普遍。

取好了名字要杀猪、杀鸡或宰羊庆贺并酬谢取名人，有的还要举行仪式：砍来一棵带枝杈的手腕粗的锥栗树立在屋檐下，在树枝上挂上宗教用品，表示有这样好的名字的孩子将能继承、兴旺家业。取名人还要对孩子致以深情的祝福。

孩子有了名字后，人们对孩子的父母就不再直呼名字，而是称其父为"某某（孩子名）扒"、称其母为"某某（孩子名）妈"。如果孩子体弱多病或无缘无故经常啼哭，则认为是名字没取好，这时需要找"阿爸卖"或"阿妈卖"，并由他们为孩子另取一个名字。

▶ 杀鸡

学名 学龄儿童上学读书时，多由老师取以学名。取学名时的依据也是多种多样，有的按汉式姓名取，如"余发明"，其中"余"是"鱼"的谐音，而"鱼"是傈僳语"哇"的意译；有的将原有名字音译或意译为汉字作为学名，如"腊赛波"，"腊"是姓，即"虎"，"赛波"意为"潇洒饱了"或"足以骄傲"；有的"傈汉结合"，如"可波妹"，其中"可"是傈僳语"狗"的昵称，"波"意为"富贵"，"妹"是汉语。

新中国成立前，傈僳族地区学校极少，学龄儿童基本上不了学。新中国成立后，党和人民政府非常关心傈僳族地区包括教育事业在内的各项事业的发展，所以取学名主要是在新中国成立后伴随着大批傈僳族学龄儿童进入学校读书时产生的。由于上学的人普遍取学名，而不同地区、不同学校、不同老师取学名的依据不一样，有的甚至没有依据，有的由于音译或意译傈僳语姓氏时所用字词的不同等，造成学名中有关傈僳族学生的姓氏，同一种姓氏有多种多样的写法，很不统一。这也是新中国成立后的一段时期内傈僳族姓氏文化变迁较大的主要原因之一。

喜名 傈僳族青年男女在结婚或订婚时要取喜名。喜名大多由村寨中有威望的长者或由一对新人的媒人，根据某一事或物的特征及当时的际遇给新郎新娘取名。夫妻喜名相同，但夫名后要加"扒",妻名后要加"妈",如夫称叶施扒,妻则叫叶施妈,"扒""妈"分别是区分成年男女性别的词。按傈僳族的传统,如果家里没有男孩儿,可以招上门女婿(傈僳语叫卖乌)。结婚时要给上门女婿取新名,而且上门女婿从此要随妻方姓。

服饰

　　傈僳族服饰绚丽多姿、色彩斑斓、款式多样,散发着一股古朴、大方、优雅与现代的韵味和气息,富有民族特色和地域特色,从服饰上即可明显地看出傈僳族的外在标志,这些特色鲜明的服饰反映出傈僳族的人文精神、审美观、织麻布纺织技术水平等。

　　在傈僳族社会,织布缝衣是妇女的天职,而愿打扮、善穿戴是女人贤惠、能干的标志。因此,无论在哪里,女人都是一道最亮丽的风景线。如果没有妇女的勤劳、智慧和对美的不懈追求,就没有傈僳族丰富多彩的服饰和服饰文化。

傈僳族女子服饰
▼

女子服饰

上衣 云南省怒江傈僳族自治州傈僳族妇女传统上衣为右衽收腰的短衫、夹袄。短衫颜色大多为浅蓝色、深绿色或白色；夹袄一般为深蓝色、深红色、黑色等较深的颜色，色彩对比非常鲜明。兰坪、泸水及福贡南部的傈僳族妇女还喜欢在右衽花麻布短衫外着一件平时背东西时垫背用的长尾无袖无领花麻布褂子，傈僳语叫"牙瓜资"。维西傈僳族自治县的傈僳族妇女上衣多为用细白麻布或棉布缝制的长袖大襟长袄，外罩紫红、黑色或天蓝色坎肩。

傈僳族女性上衣

长裙、裤子、绑腿 云南省怒江傈僳族自治州贡山、福贡北部、维西傈僳族自治县的傈僳族妇女下身穿长及脚踝的百褶裙。兰坪、福贡南部和泸水一带的傈僳族则喜穿长裤。劳作时，傈僳族普遍喜欢打绑腿。

傈僳族女性长裙子

欧勒 "欧勒"是傈僳族女性喜戴的帽子之一。欧勒帽是用珊瑚珠和海螺片精心磨制后编串而成，即先选几个直径约2厘米的打磨精致的乳白色圆形海螺片，把它钻出穿线小孔，用线等距离穿成一圆套。该套的大小要足以圈套在头上，海螺片下系一串串珊瑚珠，珠一般有红、白两色（个别也有红、白、黄、绿四色的），先以同色的4串到5串珠连缀，再以另一色的4串到5串珠子连缀起来，形成红、白或四色相间连成的半月形珠帘。每串珠的下端都垂有一个上镂花的小铜球，每个铜球左右横向连成一环，形成和海螺片相对的另一边，也就把整个串珠连成一个珠套，傈僳族中老年妇女服饰最下端的铜珠，嵌在前额位置。

帽子

头帕 ▶

女性颈饰 ▶

女性胸饰 ▶

欧特 "欧特"，即包头、头帕。一般用很轻很薄的黑布或青布做成。其长约4米、宽1米。盘绕时按顺时针方向将包头布缠绕在头上，在包头的外侧装饰有五彩绣珠、绣花等，从中体现出傈僳族妇女对生活的热爱和积极向上的生活态度。

里地 "里地"，傈僳族妇女的颈饰，是指挂于脖颈上的一圈圈用特别精致的海螺片、珊瑚珠、珍珠、银币和玛瑙串连成各色相间的美丽珠链。珠链大都长及胸部以下，几串甚至几十串一起佩在颈上，飘垂在胸前，显得华丽动人。

拉本 "拉本"，傈僳族妇女的胸饰。用琥珀、象骨、海贝壳磨制而成，再用珠链连缀起来。分颈上套挂的拉本和肩上斜挂的拉本。

里地和拉本佩戴时经常搭配使用。无论是里地，还是拉本，佩戴的年代越久远，就越显得华丽、珍贵。里地和拉本是傈僳族妇女的传家宝和定亲物。

娜课 "娜课"，傈僳族妇女的耳环。一般用银子制成，款式多种多样。傈僳族妇女还喜欢用象牙、深海红贝壳、琥珀制成的耳环。新中国成立前，傈僳族妇女佩戴耳环的大小、粗细，标志着身份的高低和贫富状况。傈僳族女孩儿一般到六七岁后都要穿耳孔戴耳环，如果姑娘不戴耳环，会受到小伙子的非议。

男子服饰

各地傈僳族男子服饰大同小异，普遍喜欢戴黑布或蓝布包头（欧特）。旧时男子有穿耳孔戴耳坠的习俗，一般男孩儿长到七八岁后均穿耳孔，戴玛瑙耳坠或特别磨制的兽骨、珊瑚耳坠；已婚的男子还喜欢在左耳佩戴硕大的银或铜耳环。外衣普遍是黑白条纹的麻布长衫，长过膝，上开大襟，无扣，短领或无领，长袖镶黑边。腰系线织布彩带，并有规则地缀有圆形贝饰，长衫后开衩。内衣为对襟花麻布、黑棉布、蓝棉布缝制的长袖短领衫。裤子为用麻布、黑布或青布做的宽大裤，且大都为长过长衫的长裤，如果为裤脚仅及膝的短裤，要打麻布带或羊毛带绑腿。

▲ 傈僳族男子服饰

▲ 男子头饰

▲ 傈僳族男孩儿服饰

男子服饰

棕树皮鞋

成年男子普遍喜欢在腰的左侧佩带长刀、短剑或砍刀,腰右侧挂箭包,箭包多以熊皮、野猪皮制成,右肩扛弩弓,故有傈僳族男人"弩弓不离身,长刀不离腰"之说。随身携带弩弓、长刀,不仅是傈僳族男人的重要标志,也成为傈僳族男子服饰中不可或缺的重要元素。

在旧中国,无论男女,除富裕人家,傈僳族大多穿不起鞋。现在,傈僳族群众可以按意愿选购到各种款式、各种档次的鞋。他们制作传统衣物所需的布料也更加丰富。傈僳族人民的穿着更加美丽、精彩。

建筑

新中国成立前,傈僳族大多居住在海拔较高的山上或半山腰上,他们的住房一般都建在地势较高,坡度较缓,容易引水进寨或有水源的山坡和台地的向阳面上,很少在山沟和河谷地带建房居住,这是傈僳族选择寨址建盖房屋的共同特点。村寨大的有一

在建的傈僳族新村

两百户，一般为二三十户，个别也有独家独寨的，但很少，同一个村寨基本都是同一个氏族或有血亲关系的人组成。

由于傈僳族分布地域广阔，各地地形地势、气候、植被等自然条件有差异，其建筑房屋的具体形式、选址、结构布局及取材等又具有各自的特点。住房的形式主要有"千脚落地房"、木楞房、土墙房等。无论是哪种形式的住房，都是傈僳族人遮风挡雨、享受生活、创造美好未来的根基，是他们传承和发展传统历史文化的重要场所。

形成傈僳族居住地的成因主要有以下几点：一是傈僳族居住的地区大都气候湿热，历史上，这些地区的山沟、河谷疫病和瘴疠横行，这对缺医少药的傈僳族人民来说，无疑是必须避开的灾难；二是山沟、河谷地带容易遭受山洪和泥石流的灾害，人们的生命财产难以保障；三是在历史上，由于历代统治者对傈僳族人民实行残酷的压迫、剥削政策，使傈僳族人民生活在水深火热之中，被迫不断地举旗起义进行抗争。而气候宜人、森林密布、易于生存、山高路险、易守难攻的高山区和半山区成为傈僳族人民扎寨建房的理想家园。

千脚落地屋

千脚落地房

"千脚落地房"，又称干栏或竹楼。云南省怒江地区和四川省盐边一带的傈僳族喜住这种房。建盖千脚落地房时，先在选定的地基斜坡地上，根据居室结构，打出几十个洞，从洞里竖立起几十根粗大木柱，地基斜坡上放的木柱短些，下方的木柱长些，形成一个平面，然后用粗硬的楼板底横木将各个底柱牢牢地连接固定起来，使之不会倒塌。再在横木上铺上木板或竹篾笆作为地板。地板的四周顺着立柱里侧严实地用木板或竹篾笆围住作墙。顶部用茅草或木板、竹板覆盖。

一楼底层用木料围严实，主要用于关养家畜，也有用来堆放杂物作储藏室的。底层和二楼之间搭有供上下楼的木梯。二楼用来住人，房间一般为两或三间。进门第一间是堂屋兼客房，房间中央设有火塘，上面置着铁三脚架或三角石作为烧菜做饭用锅具的支撑。第二间是家人的卧室，外人不得入内。如果家庭人口多或孩子较大，就将卧室扩大，再将其一分为二，父母住里屋，子女住外屋。也有家庭人口多的人家在走廊或房檐下用板或篾笆再围出一个房间，给孩子住。子女长大成婚后都另建房居住。在二楼的顶部的横梁上铺上木板或篾笆，用于存放谷物和其他较贵重的物品。

千脚落地房大门设在向阳的一面，并在门前及其左右留出走廊，做织麻布或小憩场所。房屋前后，还要盖一干栏式茅草屋，用来存放玉米或杂物。建盖千脚落地房，看似不复杂，其实有很多讲究。首先建千脚落地房所需的材料主要为木料和竹料。而砍伐木料、竹料的时间是有严格要求的，即在雨季过后农历当月二十日至下月初五期间砍伐竹木。傈僳人认为这一期间砍伐的竹木不会被虫蛀，房子才牢固安全，经久耐用。底柱、主要支柱和横梁等需用金刚木、松木等坚硬、耐磨性好的木材，而且建房所需的材料要提前准备好，要干透的料。

选好吉日，建房的那天，全村的劳动力都会前来帮忙。因此，有的千脚落地房一天就能建盖好。这种住房通风透气性好、防潮避湿、冬暖夏凉、视野开阔。特别是千脚落地房的建造，不需平整地基，不会因为挖地基而造成山坡水土流失或滑坡，这也是傈僳族建房时特别要考虑到的。

木楞房 ▼

木楞房

木楞房，即用圆木搭成的房子。云南兰坪、维西、武定、禄劝一带的傈僳族大都喜欢居住木楞房。木楞房又叫木垒墙房，意为以木为墙的房子。木楞房的形式有楼式木楞房和落地式木楞房，后者是直接在地基上建造的一层木楞房。这里仅介绍前者的建造木

木楞房

楞房过程。修建木楞房要先备好木料，砍木料要选吉日进行。当备好的木料干透后，一般在冬季选吉日挖地基砌石脚，石脚要砌高一点，以免下雨时架在石脚上的圆木被雨水浸泡影响耐久性。建盖时用刀斧将直径20厘米左右的长木头砍成长短、粗细相同的边边圆柱形。把木头的一头砍成榫，另一头则刨出槽，把两头的榫槽扣合，分别凿回嵌口，一根木料连着一根木料往上垒。垒到一米时，横或纵架一定数量的圆木楼楞，其上铺上木板，使房变成上下两层，下层用来关牲畜，上层用来住人及存放粮食等。当垒木到三十来根木料高度时，要搭"人"字架屋顶，顶上覆木板。木楞房一般为长方形，门设在长的一边。房的正中央设有火塘，靠木墙的边上设有木板床。如果家庭人口多，木楞房就分为两间，方便起居。

土墙房

分布在云南省泸水县等地地势比较平缓地区的傈僳族喜建土墙房居住。这是一种土木结构房，其结构是打好地基石脚后，四周舂土墙。一般分上下两层，上层存放粮食，下层住人。土墙舂

▲ 土墙房

至一定高度，横放或纵放若干根楼楞，上铺以木板或竹篾笆，形成存放粮食等物的大别。再往上舂墙，墙体形成前后稍矮、两边尖高的"人"字形屋顶，然后架梁上椽子，再覆以茅草或土瓦片。

建造房屋对于傈僳族的每个家庭来说都是一项非常重大的事。从开始建房至房屋落成，有许多传统礼仪需要遵守。具体从砍伐建房所需的木料、选址、奠基直至落成，都有相应的讲究。砍伐建房用的木料、竹料前，要举行祭祀米司尼的仪式，使其保佑砍伐活动顺利、平安。砍伐的日期要选定在农历当月二十日至下月的初五之间，因为他们认为这段时间砍伐的竹、木料不会生虫子，而且要确保这些木头在建房时水分已干透。选址时要占卜，根据占卜结果定取舍。占卜的方法很多，如刀卦、种子占卜等。如果占卜结果不合适，就另择他处。在山坡上建千脚落地房时，尽量少动土石，以免水土流失或造成滑坡。建房时，先要择吉日，不能在家庭主要成员禁日开工。破土时要杀鸡举行祭祀仪式。亲戚朋友及全村寨的人有互相帮助的责任，因此，只要有一家人建盖新房，大家就会不约而同地前去帮忙。他们认为，不帮助别人，也就断绝了别人对自己的帮助，使自己失去朋友，再无法办成大事。建盖新房的人家也会尽自己所能，热情款待前来帮忙的亲友和乡亲，几乎所有人家，都会提前准备好建房期间所需的饮食。

傈僳族的房屋，房门对准的必须是山峰，不能对着山谷、河溪。建造新房按传统习惯，修建千脚落地房、木楞房，必须在一天之内完成，否则就认为是不吉利。也正因为这样，建房有较明确分工，即木匠专做木工活；篾匠专做编篾笆等篾匠活；力气大的扛木料、垒石脚；力气小的机动打杂；老人、妇女则端茶点烟，准备饭菜。一切忙碌而有序，一天时间新房便建成了。

新房落成后，要择日举行隆重的进新房仪式。其中最重要的环节是请村中德高望重、子孙满堂的老人点燃新火塘里的火，而且火要烧得越旺越好，预示主人家兴旺发达、万事如意。还要用新火塘煮出的饭菜祭祖。亲友及全村的人也会前来祝贺送礼，礼物多为实物，一般不送钱。送礼庆贺的人要成双成对，若家中人少，襁褓中的婴儿也可算为送礼的一员。大家欢聚在新房里，尽情饮宴，载歌载舞，其中唱《盖房调》必不可少。《盖房调》以古老的"木刮"调形式演唱，由甲、乙两位戛头分别代表女主人和寨邻亲友对唱，在场的群众一起参加合唱，同时伴以"跳戛"舞步，进新房活动进入高潮。

第六章
家庭婚姻

　　傈僳族的传统是恋爱自由，婚姻包办，但现在大多数都是自由恋爱结婚。傈僳族人可以在节日上或者平时的生产活动中通过对歌的方式认识自己喜欢的人，可以随意选择自己喜欢的对象，可是到结婚的时候就不能自己做主了，主要是父母包办，嫁女儿很重要的一项内容就是收财礼。如果男方要和女方离婚，财礼是收不回来的，算是作为女方的遮羞费，而女方要和男方离婚也是分不到财产的。傈僳族地区的离婚率相对较低，家庭较为稳固。

家庭

家庭结构

"停海",傈僳语音译,意为"家庭""一家",是傈僳族古老而重要的小型社会组织。

进入阶级社会后的傈僳族的家庭,基本上是建立在私有制基础上的一夫一妻的父权制小家庭。小家庭的成员一般只包括父母和未成婚子女两代人,也有和祖父母三代同堂的,即祖父母及其年老后赡养他们并继承其财产的幼子或独子组成的家庭。多个子女中,除幼子外,其他儿子结婚后便另建房屋,与父母分居,组成独立小家庭,这就是傈僳语所说的"海途",意为"分家"。儿子分居时,父母会分给他一定的土地、生产工具、家畜、炊具等生产生活资料,使小家庭具备独立生产生活的基本条件,开始新的人生。分居的儿子们的家,一般离父母家不会太远,以便相互照顾,分居另过的儿子也要对父母尽赡养义务。

傈僳族三代同堂

幼子或独子结婚后不与父母分居，仍住在一起，他们要承担赡养父母的责任，并享有父母的最后财产继承权。其他已分居的儿子和女儿无财产继承权。

▸ 傈僳族夫妻

傈僳族看重子嗣，年老夫妇无子女者，一般从直系亲属儿子多的人家收养或过继一个做儿子（养子），收养或过继来的儿子（养子）负责赡养（养）父母，为其送终，并享有其财产继承权。女儿长大后都要出嫁，但有女无子者，可招上门女婿，上门女婿经女方家族同意，可以继承财产。

家庭成员的地位以父母为高，而父亲的地位又高于母亲，他是决定家内外一切事务的一家之主，母亲则多操持家务。如果是三代以上同堂，则以年龄辈分最高者为尊，但家庭里的实际权力，则以负责全家生计的年富力强的男性为大。亲戚中母舅最有权威，傈僳族有句俗语说："树最大的是杉树，人最大的是舅舅。"

家规家训

傈僳族家庭十分重视以言传身教方式对孩子和年轻人进行传统家规、家训的教育和传承，如果不懂或不遵守家规、家训是会被人笑话的。

傈僳族家庭中男女分工比较明确，凡开荒辟地、犁田耕地、伐木砍竹、建房筑寨、打猎驯牛、外出做生意、保卫家园等，都由男子承担；纺织麻布、养猪、喂鸡、缝衣做饭、哺育儿女、整理家务等，都

▸ 傈僳族女孩儿刺绣

▲ 手工缝制服装

▲ 傈僳族老人在纺线

由妇女负责；小孩也要力所能及地做些事，如放牧牲畜、给大人送水送饭等多由男孩子去做；带弟弟妹妹玩、帮助母亲做杂务、摘菜洗菜等，多由女孩儿负责。

有的村寨有寡妇或鳏夫家庭，村里的男女主动地去帮助代做男女各自应做的主要活计，如寡妇家里的田地，由男子们去代耕，鳏夫家的麻布衣服则由妇女们代为纺织、缝制。所以傈僳社会常常是每家每户以至整个村寨都充满亲情和关爱，和谐融融。因此，过去傈僳族家庭很少有离婚的，没有乞丐，夜不闭户，偷盗现象十分罕见。

按照传统习惯，每个家庭都有义务在发生械斗或血族复仇时，与本家族或本氏族、本村寨的人一起承担械斗或复仇任务；有义务去保护本家

纺织工具 ▶

族、本村寨的田地、森林、水源；有义务去帮助有困难、遇到灾难的家庭，如对遇到灾难的家庭，大家一般携带粮食、酒、钱物前去探望慰问或给予其他帮助，让其渡过难关。杀了猪、宰了羊，要请亲戚和村中老人聚餐一次，如果有的亲戚因事不能前来聚餐，则送一份熟肉或送一块肉去。

家中忌大声说话，更不能喧哗、吵闹和吹口哨，否则认为不吉利，对父母、长辈说话要轻柔、有礼貌。

傈僳族的家训注重尊老爱幼、孝敬父母、家庭和睦、品德高尚、勤劳勇敢、热情好客、处事公正，对人讲诚信、有爱心、相信万物有灵等方面，并以格言、俗语、故事等形式教诲一代代后来人。如尊老爱幼、孝敬父母方面的格言、俗语有："对老要尊敬，对小要诚心；孝顺父母子孙贤，敬老尊长寿命长。"告诫家庭和睦、珍惜幸福生活时说："筷子不要戳眼睛，牙齿不要咬舌头。"有了矛盾或纠纷，敦促尽快沟通解决时说："酸饭不倒，越放越酸；纠纷不解，越放越乱。"要求小夫妇对孩子要从小严格管教时说："小时不管教，大来管不住；子女不教父母过，娇儿纵女实害人。"时时处处注意培养人的高尚品德，如："穷得没饭

傈僳族村寨同乐村

百岁傈僳族老人

奶奶和孙子

吃,也不能做贼。""路遇老人要让路,长辈来时要让座;父母打儿子,儿子不能还手;长辈训孩子,孩子不能顶嘴。"在为人处事方面:"招待客人要热忱,对待朋友要真诚。"

婚姻

傈僳族十分重视婚姻,并在长期的历史发展过程中形成了独具特色的婚姻习俗。

婚姻的程序

傈僳族婚姻一般有择偶、订婚、结婚等几个程序,并有一系列的相关礼仪。

择偶 择偶恋爱是建立婚姻关系的第一步。傈僳族青年男女婚姻的缔结虽然大多由父母和舅舅包办,但婚前青年男女享有较大的社交自由。按照傈僳族的传统习惯,一般男女从13岁开始就学唱民歌情调,学跳"瓜其",进而进行对歌唱调比赛,还要让"过来人"讲一些必要的生理、生活及生产知识,而这其中,有的知识,按传统是不好由父母亲人直接传授给年轻人的,正因此,傈僳族村寨几乎都有专供青年男女活动的场所,这既是青年男女交往的重要场所，也是他们学习生产、生活的经验、技能的重要场所。

随着男女青年交往的增多，了解的加深和年龄的增长，择偶恋爱也就提上了日程。但是，向来以热情大方闻名的傈僳族女子和以粗犷豪爽著称的傈僳族小伙子，在择偶恋爱中却是含蓄、传统的，在一段时间内是隐蔽的，尽可能不让旁人知道自己在恋爱。因此，形成了一些恋人秘密约会的联络方式方法和暗号。

恋爱中的傈僳族男女

通过恋爱，双方觉得情投意合，可以公开恋爱关系时，必须告诉各自的父母。如果男方的父母同意，便请"子谋"前往女方家提亲，如果女方的父母同意，虽不直接表示出来，但会高兴地热情接待子谋一行人，还会很谦虚地介绍当事姑娘的缺点、不足之处及其生活习惯等。但是姑娘即使心里很喜欢该小伙儿，媒人初次登门求婚时是不会同意的，甚至说出小伙子的一些缺点。通常媒人登门求婚三次，一对恋人互赠"来都"之后才能确定下来。"来都"一般是男方送女方银耳环、珊瑚耳坠、手镯、戒指、力第、拉百、俄勒等，女方送男方自己亲手缝制的挎包、衣物等。如果女方父母不同意，要当面婉言谢绝。

> **知识链接**
> **子谋** 傈僳语音译，意为"媒人"。
> **来都** 傈僳语音译，直译为"手印"，意为"信物"。
> **力第** 颈饰。
> **拉百** 胸饰。
> **俄勒** 头饰。
> **哦皮抓** 傈僳语音译，意为有缘分。

订婚 当一对恋人经过恋爱了解，彼此满意，便被认为"哦皮抓"。他们的恋爱关系得到双方亲友认可，并被正式确定下来后，便要择日去女方家订婚了。订婚后，男女双方就不能轻易反悔了。

　　傈僳族订婚礼仪中最主要的内容是评定"呢普",即聘礼。参加订婚礼仪的人有双方的亲友代表、村寨的头人和德高望重的长者。评定聘礼的多少,要根据男方家的经济条件和女方姑娘的品行、相貌、健康状况而定。旧时的聘礼,一般以牛或以银圆为聘。娘家给女儿的嫁妆为衣裤、鞋帽、麻布被子、床单、种猪、种鸡、织布工具、传统首饰料珠等。富裕人家的女儿嫁妆较多、较贵重,有的值数头牛以至十余头牛的价。

　　传统的聘礼评定是在男女双方代表的对歌唱调中完成的。双方有问有答,既站在己方的立场考虑问题,也设身处地为对方着想,"这是祖先兴下的礼节,这是祖辈传下的规矩";世间"蚂蚁也要成户结对,鸟儿也是两只一窝","男大当婚,女大当嫁","喜事只能促成,只能喜上加喜",在这样的传统规则下评定的聘礼,往往符合双方的预期。

　　订婚当天女方要杀猪、煮酒庆祝女儿及未来女婿的婚姻大事正式确立下来。所杀猪收拾干净后,从脊骨平分成左右两半,一半用来招待参加订婚礼仪的双方代表、村寨头人、德高望重的长者以及邻居、亲友和前来助兴的本村寨青年男女;另一半要送给男方家。订婚宴是喜庆之宴,自然不能缺少欢庆祝福的歌舞,来参加的青年男女也借此机会表达爱情或私订终身。

　　结婚　经过择偶、订婚等程序后,选择吉日结婚就提上了日程。结婚时间原则上要选择在冬天,这是由于傈僳族大多居住于四季较分明的山区、半山区,此时秋收已经完成,人们不再那么忙碌,亲友也有时间前来做客;气候干燥,雨天极少,

傈僳族
结婚照 ▶

傈僳族村寨婚礼迎宾仪式

不仅有时间筹备婚礼，更不会打雷，这不仅是为便于出行，也是由于傈僳族忌讳结婚日遇雷雨天气，特别是忌讳打雷，认为这非常不吉利。具体结婚日期大多选在傈僳族传统年节阔时节前后，此时节日气氛浓厚，更能增添婚礼的喜庆色彩，使新郎新娘留下美好回忆。

择定结婚日期后，就着手筹备婚礼了。其中包括向女方支付的聘礼，婚礼期间所需木柴、饮食，场地布置，告知亲友寨邻结婚日期等，每项工作都要提前做好，特别是邀请亲友寨邻参加婚礼时要挨家挨户逐一通知到，一户都不能遗漏，本村人不分贫富，不分亲疏，要让所有亲友、乡亲都高兴，这是傈僳族的传统习惯。同时，傈僳族讲究"婚礼不请不到"，做婚礼的不速之客

傈僳族婚礼迎宾拦门酒

是会被人看不起的。

结婚仪式在男女两方家都举行，只是男方家的仪式比女方家的要隆重得多。婚礼时间一般要持续三天三夜。第一天是远道而来的亲友集中，以歌舞的形式叙旧谈心，祝贺主人家儿女成家；第二天主要接新娘到新郎家，并举行婚礼仪式；第三天吃过午饭后，客人陆续散去。

结婚数天到十多天内，新婚夫妇要带着酒、肉等礼品回新娘家"回门"，路程近的，一般当天去当天回；路程远的，要住一天到十多天，其间新郎要给岳父母家砍柴、犁地或做别的需要做的农活，新娘则帮母亲织麻、做家务等。待返回男方家时，新娘的父母、亲人还送给小两口一只鸡、一口锅、一口猪和一些生产工具，以表示小两口将开始独立地持家立业。

婚后居住模式

新郎新娘结婚以后居住不仅是婚姻的延续，而且是一个社会继嗣规则和社会结构的反映。傈僳族青年男女婚后除幼子留在父母身边，赡养父母并继承财产外，其他儿女婚后都要搬离各自的父母家庭而另立新的家庭生活，即实行新居制。但新建的房子一般离男方父母或女方父母家较近，以便于相互照顾。傈僳族实行新居制的原因有多种，但最主要的原因是傈僳族社会"多子多福"的观念深入人心，因此，几乎所有家庭都是多子的。为了平衡兄弟间的落差和关系，父母总是希望在自己"还能做，还能帮，还能看见"时，兄弟们都能成家立业，这样父母死时才能"瞑目"。正因此，父母送给新郎新娘的礼物大多是种猪、种鸡、耕畜、生产工具及土地等，让一对新人早有家业。

离婚

离婚是婚姻状态的终结。傈僳族结婚后离婚的很少。一旦离婚，如果由男方提出离婚，不要女方退回聘礼，并赠送一头牛给女方"肖崩"，即遮羞；如果由女方提出离婚，则必须退回加倍的彩礼，并送一头牛给前夫遮羞。具体办理离婚手续时，请仲裁人刻木为证，并杀猪、备酒在木刻上涂上猪血和酒水，男女当事双方对天盟誓，解除相互对对方的责任和义务，表明给对方自由。该木刻由仲裁人负责长期保存，需要时出示为凭。离婚后，财产归男方所有，孩子一般是男孩儿与父亲一起生活，女孩儿则随母亲生活。

第七章
丧葬习俗

傈僳族人认为死亡是人生从今生今世的人间走向来生来世的"骂们亩"的转折点。虽然今生在人世的肉体已死亡，但其灵魂不死，他会到另一个世界和已逝世的亲人们一起过着与人间类似的生活。如果从去世到葬礼结束，每个环节都按传统做得完美无缺，则逝者将能顺利地到达另一个世界，并过上平安的"新生活"。因此，从老人去世时的"赛苗刺"，到逝后浴尸、停尸、报丧、吊唁、唱丧葬歌、入棺、出殡、安葬等，每个环节都安排得极为精细。

傈僳族的死亡观和临终关怀

傈僳族的死亡观

傈僳族认为,死亡是人生从今生今世的人间走向来生来世的"骂们亩"的转折点。虽然今生在人世的肉体已死亡,但其灵魂不死,他会到另一个世界和已逝世的亲人们一起过着与人间类似的生活。

傈僳族认为,如果从断气逝世到葬礼举行完毕,每个环节都按传统做得完美无缺,则逝者将能顺利地到达另一个世界,并过上平安的"新生活"。因此,从老人断气时的"赛苗刺",到逝后浴尸、停尸、报丧、吊唁、唱丧葬歌、入棺、出殡、安葬等,每个环节都安排得极为精细。

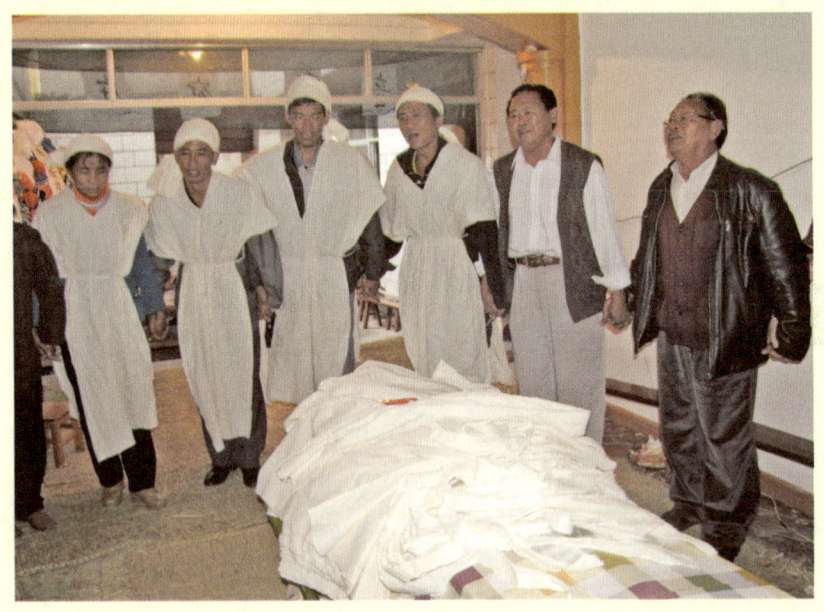

◀ 唱丧葬歌

临终关怀

"赛苗刺",即"接命气",是傈僳族具有"临终关怀"性质的一种宗教仪式。

当老人病危即将断气时，儿女等亲人都要聚在其身边，负责"赛苗刺"的人要将老人抱在怀里，对他说一些安慰的话："你为社会、为儿女做了许多贡献，没有什么遗憾了。"等等；还要说："你的命气我们接着了。"边说边用手掌在老人嘴边"接气"后"握住"，再放进衣袋里。老人的心脏停止跳动后，就算落了气，这时要立即拿出早已备好的米和一点银子放入老人嘴中，边放边说："爸爸（或其他称呼），您在去'骂们亩'的途中，饿时煮这些大米，渴时用这些银子买水喝，途中不要停留，不要回头看，要尽快到达列祖列宗那里，与他们团聚……"

丧礼程序

老人死后，一系列的丧礼程序就启动了。

洗浴穿戴

老人断气后，男性逝者由其儿子、女婿等同性别晚辈为其洗澡、梳头；女性死者由女儿、儿媳等同性别晚辈为其洗澡、梳头。洗、梳后要为死者穿上新衣裤、新鞋袜，戴上新包头。洗、梳时，要边洗、梳边对死者说："要全身干干净净地洗呢，要浑身清清爽爽地洗呢，要漂漂亮亮地梳呢，要精精神神地梳呢……"要尽可能地让逝者多穿走早已备好的新衣裤，让逝者穿戴走的衣装都要用火在边角上烧出一个小洞，以免到"骂们亩"后这些衣装被别人抢走。

穿戴完毕，一定要用备好的两条长方形麻布毯包裹好逝者遗体，头部要用一块白麻布盖住头和脸，其双脚要伸直并拢，双手伸直放在左右两侧。在包裹遗体的麻布毯边角处也要烧出一小洞。之后要将逝者遗体移至床板上仰天固定好，并连床板一起安放于正房的堂屋中间，脚朝门。

停尸

停放着逝者遗体的堂屋也是人们用来祭奠和吊唁逝者的灵堂。

逝者生前用过或喜欢用的物品,如男性逝者的弩弓、箭包、长刀、吸烟用具、碗筷等,女性逝者的纺织用品、嚼烟用品等,均供祭在逝者身旁。在逝者遗体头部上方,要点一盏用核桃油做燃料的油灯,并插香点燃,油灯和香昼夜不熄,直至出殡入土。

将逝者遗体停放妥当,并布置好灵堂后,由比扒(祭师)做"骂甲驾"(为逝者的灵魂"指路")仪式:比扒拉开弩弓朝出殡方向向天空射箭3支,边射箭边念指路经:不要走上面的路,也不要走下面的路,一定要走中间的路,那才是你祖先走过的路,并具体指明要经过的山林、河流、湖泊、地域地名、歇息处等,直至祖先居住的地方。

同时,请逝者灵魂保佑子孙后代身体健康、庄稼丰收、家畜兴旺、生活富裕,让幸福的源泉都流到我们这里,等等。

仪式结束后,要杀一头猪,将猪血涂在长刀上,由两个人执长刀挥舞着绕逝者房屋3圈儿,边舞边吼,以驱赶侵害逝者灵魂的毒虫"马牙",让死者灵魂顺利回到祖先那里去。

逝者遗体一般在家停放两三天,短则一天,多则停放七天,富裕人家一般要多停放几天,当然也要看气温高低,夏天遗体不宜停放较长时间。其间,每天早中晚为逝者供奉三次饭,家人亲友、本村及邻近村寨的人都会前来吊唁逝者,他们日夜不停地分批为逝者跳丧舞("施我邓")、哭丧、守灵。

尼扒为逝者亡灵指路

哭丧的内容常结合逝者与哭丧者的关系展开。如儿女的哭唱多诉说父（母）对自己的养育之恩，从生产生活细节的具体事例一一道来。亲友们也要哭唱，悲伤的哭唱腔调（固定的）和感人至深的语言，常常使在场的其他人禁不住痛哭流涕。

如果逝者是高龄老人，亲友和同寨（甚至邻近村寨）的人都要停止劳动三天，以示哀悼和崇敬。

逝者亲人都要用白麻布缠头戴孝。

报丧

一旦有人去世，要立即向亲友和本村寨及邻近村寨的乡亲报丧。报丧方式主要有两种：一种是吹牛角号，号音低沉而哀伤；一种是派出几个人分头通知。另外，一旦听到哀伤的哭丧声，村里人就会不约而同地立即前来慰问、帮忙。报丧时要说明老人去世的时间和埋葬的时间。同时由亲友和有威望、有经验的人组成负责葬礼事宜的领导小组，领导小组要推举一个负责指挥整个葬礼事宜的总负责人，小组下又分若干分组，如炊事组、采石运石组等，各分组有分组长，他们要提前安排好相关工作，确保葬礼的顺利进行。

用麻布做的傈僳族孝帽

得知报丧信息后，每家都会来人帮忙料理丧事，送礼祭吊，礼品多为鸡、大米、小猪、钱等，逝者的家人会委托"挂礼组"将这些礼品一一登记好，以便将来还礼。

出殡安葬

出殡的日期选在属兔、猪、猴、蛇、鼠和鸡日。逝者遗体在出殡的前一天或当天凌晨择时入殓，年高老人入殓时间可靠后一点。入殓时要再送一些钱，并将钱的一角烧出一个洞，让逝者带到阴间使用；还要送炒面和粮种。"送炒面"以便逝者灵魂去阴间途中需要时食用；"送种子"，由两位男女亲属绕灵柩三圈儿，边走边撒，撒向前面的种子就是送给逝者灵魂在阴间做种用的，撒向身后的种子是留给逝者后人做种用的。

傈僳族人崇尚土葬，各村寨和家族都有自己的坟地，只有个别地方，对非正常死亡者实行火葬。

灵柩送往坟地时要由8个人抬，途中这8个人会被不断替

祭司手散五谷以示逝者在阴间五谷丰登

换。灵柩前由一个晚辈亲人举着燃烧的火把引路到墓地。埋葬时,头朝后山,脚朝"向口"。安葬完毕,男性逝者生前用过的长刀、弩弓、箭包、挎包、吸烟用具等,女性逝者生前用过的织麻布工具、花口袋、镰刀等,放置于坟前或挂在坟边;逝者生前用过的衣、被要烧毁,以示让死者带走,如果逝者留下的衣、被太多,可送一些给需要的人,或第二年祭扫逝者坟墓时再烧一部分。

祖坟地神树

丧葬禁忌

傈僳族的丧葬禁忌不仅注重对人间的关怀,而且也很注重对逝去的亲人的灵魂的关怀。傈僳族的丧葬禁忌颇多,主要有:

忌生产劳动

死者如果是老人，其亲属和本村寨的人要停止劳动三天，甚至邻近村寨的人也要停止劳动一天。这是表示对死者的崇敬和哀悼。

忌大声说笑、唱歌、跳舞和娱乐

傈僳族认为，在办理丧事期间，大声说笑、唱歌、跳舞会吓到死者的灵魂，使他失去记忆，因而无法走到"骂们亩"祖辈栖居的家园；娱乐则是对死者及其亲属的不尊重。

忌食的食物及其他禁忌

办理丧礼期间，忌吃辣椒、生姜和葱；忌猫从遗体、灵柩上蹿过，认为这会使死者"复活"，其灵魂会变成魔鬼；不能用铁器作为入土的陪葬品，棺材也不能使用铁钉，认为这会压住和挡住死者灵魂去"骂们亩"，其后代会生哑儿、多病；忌属龙日安葬死者，认为这样会雨水多，淹没庄稼，人畜遭难；守灵期间，家属不能洗脸、洗脚和梳妆打扮，否则被认为对老人的去世不悲伤，没有感情，因而被人看不起、笑话。除每年清明节前后十天上坟时或家人生病经卜卦后认为应修缮坟墓外，其他时间忌动坟墓上的一草一木及土石，也忌砍伐坟墓周围的树林。

第八章
虔诚信仰

宗教信仰是一个民族的精神支柱，傈僳族有自己传统的原生性宗教和外来宗教。"尼扒"是傈僳族传统宗教的主持者，也是傈僳族文化的传承、传播者。图腾崇拜、祖先崇拜、万物有灵是傈僳族原生性宗教的特点。20世纪初，随着基督教传入傈僳族地区，傈僳族信仰基督教的人越来越多，对傈僳族人的生活生产产生了较大的影响。

傈僳族宗教信仰主要分传统宗教（原生性宗教）和外来宗教（传入宗教）。传统宗教是傈僳族原有的宗教；外来宗教是19世纪末由外国传入。傈僳族保留有浓厚的原生性传统宗教观念和虔诚的宗教信仰。

原生性宗教

祭拜树神

祭拜山神

傈僳族的原生性传统宗教有以下几种形式：

自然崇拜

自然界中的万物，皆有灵魂。认为人活着是因为有灵魂相伴，一旦灵魂与人体分离，人就会体弱多病。这时就需要叫魂。

傈僳族信仰和崇拜的自然神灵主要有天神、地神、山神、猎神、火神、岩神、水神、雷神、风神、战神、寨神、家神、门神、路神、树神等30余种，其中天神是最大最重要的神灵。

图腾崇拜

图腾崇拜产生于原始社会中人类有了灵魂不灭观念之后。图腾崇拜的形态和种类多种多样,极为复杂。其形态有氏族图腾、部落图腾、个人图腾、性别图腾等。

其种类有:动物、植物、无生物等。傈僳族中流传的图腾形态属于氏族图腾。傈僳族氏族图腾有虎、熊、猴、羊、蛇、鸟、鱼、鸡、蜜蜂、荞、麻、茶、柚木、霜、火、竹等20多种动植物氏族图腾名称。傈僳族的氏族图腾名称,后来演变为姓氏,成为傈僳族最早最古老的姓氏来源。

祖先崇拜

傈僳族祖先崇拜是在灵魂崇拜和图腾崇拜的基础上产生的。傈僳族的祖先崇拜观念十分浓厚,史书及有关调查资料不乏这方面的记载。如光绪《永北直隶厅志》卷七《人物志下·土司种人附》记载:兰坪一带的人"死后棺葬"。民国《中甸县志》下卷《社会状况·丧葬》记神像木牌载:当地傈僳族"仍用棺葬,且有一定墓地,亦有立墓碑者。最重祭扫,虽历数十百年亦能辨认"。

◀ 祭拜祖先

鬼魂崇拜

鬼魂崇拜与上述的自然崇拜、图腾崇拜、祖先崇拜同时并存、互为补充,共同构成原始性传统宗教体系。

傈僳族认为,人有人魂,自然也有自然的灵魂。同样,神有神魂,鬼有鬼魂。他们统称鬼魂或精灵。傈僳语称之为"尼"。人和家畜患病是与触犯某种"尼"有关。需要请巫师(尼扒)举行祭祀或驱除甚至杀掉。尼的种类繁多,有300多种。主要的有30余种,如天鬼(乌萨尼)、家鬼(海夸尼)、山鬼(果尼)、路鬼(加姑尼)、猎灵(华花尼)等等。

傈僳族认为,人间各种灾祸与疾病、死亡都是相关鬼灵作祟的结果。而吉凶祸福亦是神灵支配所致。因此,为求得鬼魂庇佑、平安吉利、消除灾祸,人们常常奉献牺牲,举行祭祀活动。

祭祀的级别决定仪式的繁简,付出的大小多寡。祭祀级别越高,认为越凶恶。如祭祀天鬼时,必须杀一头牛、一只鸡。祭物还有松、白杨、野竹、金竹各一枝,祭毕将天鬼送回天堂。

经常祭祀或祭祀地位级别不高的鬼魂,仪式比较简单,所献供品也较少。如祭祀猎灵,由于猎手们经常出猎,祭祀就较为简单,只需将竹箭5支插于放在门口的土块上,用公鸡一只捏破鸡冠,将血洒于竹箭之上即可,不请尼扒念咒。

占卜

傈僳语称"来图",是傈僳族宗教活动不可或缺的重要组成部分。常见的占卜种类有:竹签卦、刀卦、手卦、贝壳卦、鸡头卦、猪肝卦、石头卦等等。

尼扒,是傈僳族原生性传统宗教神职人员,大多数属于兼职,平时在家务农,婚丧嫁娶等有活动时受请做祭祀活动,一般是提供有偿服务。但德高望重的大尼扒,已脱离生产劳动,成为专职神职人员。尼扒按其巫术水平高低和职责不同,分为尼扒、尼古扒等,他们被认为是与神灵的沟通者,并能够吟唱各类祭祀歌,且能看见鬼并与鬼对话。尼扒的传承为"阴传"(自然传承),多为父子相传,充满神秘感。

尼扒,指傈僳族男巫师,主要职责是为人们主持祭祀,占卜打卦。尼扒不仅具有广博的宗教知识，还通晓天文历法以及本民族历史、文化习俗、伦理道德、习惯法和禁忌等，是人与神的沟通者。尼扒所具备的能力不是后天学习得来，是自身带来或被动传承。傈僳族叫"阴传"，尼扒有较高的社会地位。

尼古扒，也称毕扒。是普通的男巫师，虽能主持祭祀活动，但看不到鬼，巫术比尼扒低，而且其巫术不是"阴传"，是后天学习而得。因此，尼古扒的社会地位不高。

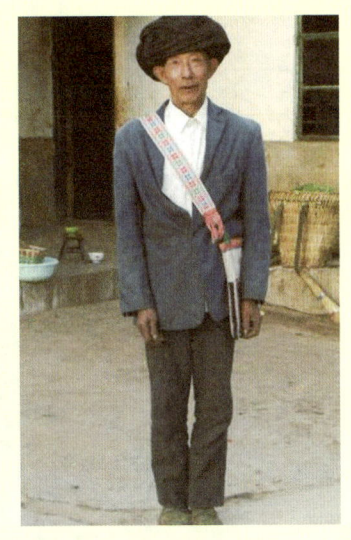

◀ 傈僳族尼扒李万云

尼扒和尼古扒不仅是宗教活动的主持人，而且是傈僳族文化的重要传承人。

传入宗教

基督教新教

1909年，英籍加拿大传教士富能仁，经由缅甸进入云南腾冲等地传教，结识当地傈僳族人，然后到达怒江的泸水县、福贡县

> **知识链接** **富能仁**（James Outram Fraser，1886—1938）
> 1886年出生于英国伦敦西北部圣阿班市（St. Albans, England）的一个富裕家庭，父亲是祖籍苏格兰的加拿大人，是皇家兽医外科学院院长，母亲是莫拉维亚名门之后，都是循道会的虔诚信徒。富能仁是一位内地会派往中国传教的英国籍传教士，他在20世纪上半叶在云南省西部的傈僳族中间传教近30年。在1920—1925年，富能仁和他的助手——傈僳族传教士摩西（原名旺林，保山龙陵县人）与缅甸传教士克伦族人巴托，合作创造了以拉丁字母为基础的西傈僳文（新中国成立后称老傈僳文）。

◀ 富能仁

第八章 虔诚信仰

基督教堂 ▶

基督教堂 ▶

一带传教,并在泸水县双奎底村建立基督教内地会。他翻译印制了《约翰福音》《圣经知识问答》《新旧约全书》和《赞美诗》等,在傈僳族地区散发,产生了广泛影响。1938年9月25日,年仅53岁的富能仁在保山去世。

1912年,英籍澳大利亚传教士王慧仁夫妇与云南省武定、禄劝县等地傈僳族头人一起,以武定滔谷村傈僳语为基础创制格框

> **知识链接** **武定县环州乡滔谷村委会** 属于傈僳族聚居山区。全村辖10个村民小组,有农户440户,有乡村人口1 672人,其中农业人口1 046人,劳动力1 395人,其中从事第一产业人数1 174人。2013年全村经济总收入1 569.20万元,农民人均纯收入5 353.00元。农民收入主要以种植业为主。1903年英国传教士以滔谷村傈僳族语言为基础,创立了最早的格框式傈僳族文字,称为东傈僳文。

式东傈僳文,印制了傈僳文版《马太福音》《路加福音》和《新约全书》等。

天主教

1857年,法国传教士顾德尔,经由四川巴塘到维西传教,并建立教堂。维西曾有9座天主教堂,现在主要有巴东、小维西、茨中3个天主教堂。

◀ 天主教堂

第九章
神奇节日

傈僳族有"阔时节""澡塘会""刀杆节""射弩会"等传统节日。新历的12月20—22日的"阔时节"是傈僳族最隆重的传统节日,相当于汉族的春节。大年初二至元宵节期间的"澡塘会",又称"春浴节",是傈僳族最具特色的节日盛会。节日期间,当地傈僳族人民身着盛装,携带干粮、行李,甚至炊具纷至沓来,平时寂静的温泉,此时处处帐篷林立,人头攒动,欢歌笑语,热闹非凡。每年二月初八的"刀杆节"是民族团结的象征,也是傈僳族精神的升华。

▲ 阔时节表演

傈僳族人民在漫长的历史发展过程中形成了众多具有浓郁本民族特色的传统节日，主要有阔时节、澡塘会（春浴节）、刀杆节、射弩会等。

阔时节

阔时节是傈僳族的传统年节。"阔"是年的意思，"时"是新的意思。"阔时"就是新年或过年。过去，阔时节的日期选在傈僳族传统自然历"过年月"中择定，具体时间各地傈僳族稍有出入，但均在过年月中择日过节。过节一般要过12天，表示一年有12个月。1990年颁布的《怒江傈僳族自治州自治条例》将每年12月20日定为自治州傈僳族阔时节的法定日。

> **知识链接** **自然历** 自然历也叫花鸟历，将一年划分为花开月、鸟叫月、烧火山月、饥饿月、采集月、收获月、煮酒月、狩猎月、过年月、盖房月10个季节月。

阔时节是傈僳族一年中最盛大的节日。因此，人们十分重视过阔时节。节前，人们就要为过好节做充分的准备。女人们要负责清洗完全家人的衣被，并在除夕前晾干收进屋里；要尽可能地为家人每人做一身新衣服，以便节日时穿；要搞好家内及房屋周围环境卫生，其中屋内高处的烟尘、蛛网须用现砍的锥栗树枝拍扫清除，清理出来的垃圾要送到远离人家的地方，并点香祈祷，表示送走的是灾祸、疾病和不洁，迎来的将是平安、健康、幸福和吉祥。男人们则要负责备好节日用的木柴、粮食、祭祀用品，杀猪，宰羊，酿酒，安排节日活动项目、内容、场地等；节前还要舂好粑粑，这粑粑不仅是节日的重要食品之一，而且是节日里男子们进行打靶比赛时的靶子和奖品。

年节前还有一项工作不能少，即各家都要在除夕当天派人去砍回新鲜松树枝、摘来松树叶，将松枝插在门前的院中。家里有几个男性就插几枝，在"酣切"（送走旧年）前将松叶撒在室内外，以预示新的一年吉祥平安、五谷丰登、多多发财、人丁兴旺。

年三十晚全家团聚守夜，开始过年。当晚睡得越晚越好，早晨则起得越早越好。从年三十晚十二点左右进行的"酣切""酣次"（迎接新年）仪式开始，宗教祭祀活动伴随阔时节的始终。要在堂屋的祭台上点香油灯，在油灯旁、门边、厨房灶台处插香，昼夜不熄，直到年节结束。祭祀仪式由各家年长的男子主持，主要是祭祀祖先和死去的亲人，而且必须在每餐饭前先献祭

◀ 阔时节

先人，祭品为节日里所食用的饮食，一般越丰盛越好，因为傈僳族相信，死去的亲人的灵魂会在阔时节时相约回来过年。祭词内容极为丰富，不仅述说祈求和愿望，还涉及生产生活的方方面面，具有重要的研究价值。

节日中浓浓的宗教气息和深沉、悠扬的"酣切俄"（送旧年调，主要内容是对历史和即将过去的一年的回顾）、"酣次俄"（迎新年调，主要内容是对新的一年的祈盼和祝福）及年节仪式歌，使阔时节在喜庆的气氛中贯穿着震撼心灵的庄严、坚实、厚重的历史文化传统。

阔时节也是感恩、感念的节日。节前，不能与父母团聚的儿女，要提前送一些节日食品或其他礼物给父母，以感谢父母的养育之恩。每顿饭前，要祭奠已去世的亲人，感念他们为后人所做的贡献。

节日期间，除放牧人员无法休息外，其他人都停下农活休息，男女老少都是平时舍不得穿的穿上了，舍不得戴的戴上了，讲究以最漂亮的穿戴、最美好的心情、最抒情的歌舞、最丰富多彩的活动欢度节日。因为傈僳族相信，这不仅是过好本次年节的需要，它还将有利于在未来的一年中给人们带来吉祥和如意。

在笔者的家乡云南省泸水县等地的傈僳族，节日前三天的主食大米，要在"酣切"前准备出来单独存放，一般是正常年份要煮12大碗米（根据家庭人口多少决定碗的大小），祭"卡武司扒"（寨神）。

有闰月的年份则要煮13碗米。煮好米饭后，盛饭要先取周围的米饭，中间的部分是"福根"，一般不能动，要留到年节第三天中午祭过"卡武司扒"，即寨神，吃过午饭后才能取食。如果主食不够吃，可以煮新的，但中间的"福根"，一定要留到大年初三祭过寨神后再吃。不过，祭祀用的饭、菜必须是新做的，而且每餐饭前必须先祭祀祖先和已去世的亲人。

傈僳族认为，阔时节期间一定要吃好、喝好、玩好。一定要开开心心、高高兴兴，这样新的一年才会五谷丰登、幸福如意。因此，无论去到谁家，主人都会拿出最好的过节食品、最醇厚的美酒，盛情招待客人。从阔时节的第一天午饭后开始到节期结束，人们聚集在特设的公共场所进行射弩比赛及对歌、跳舞、荡

▲

傈僳族小姐妹

◀ 沙滩埋情人

秋千等娱乐游艺活动。怒江沿江一带的青年男女还相约到江边沙滩上进行"江沙埋情人"和划竹筏渡江竞赛活动。

傈僳族很重视阔时节的射弩比赛,这不仅是由于这项活动深受男人们的喜爱,他们认为不会射弩的男人不算男人,而且还源于傈僳族的一个传说。

> **知识链接** **射弩比赛** 在历史上,傈僳族非常勇敢善战。他们的弩弓箭无虚发、百发百中,而且出箭神速,一个南瓜从房上滚落下来,还未落地就能射中三箭。在反抗清朝反动统治者的起义中,他们占据有利地形,利用弩弓常常给前来镇压起义的人数众多、武器精良的清军以重创。清军无法镇压傈僳族人民的反抗,于是想了一个毒计,在傈僳族人民欢歌狂舞庆祝阔时节时去进行袭击。这样,反抗斗争被镇压下去,人们被迫背井离乡逃亡他乡。从此,老人们就传下任何时候都不能忘记会有不测事件发生,尤其在节日时,更不能只顾歌舞狂欢。因此,后来的一代代人在一年一度的阔时节期间都要进行高难度的射弩比赛,即将糯米粑粑置于几十米开外的靶架上,并用细绳左右、上下移动控制靶架,增加射击的难度,并规定参加射弩的人必须要挂长刀,身背箭囊,如奔赴疆场一般,一丝不苟。

就像男子喜欢射弩比赛一样,傈僳族女子很喜爱荡秋千活动和比赛。节日期间,虽然爱美的傈僳族女人个个都盛装打扮,如有的姑娘喜欢上身穿右衽短衫(傈僳语叫"皮度"),短衫外面套上一件小背心,下身着及地的百褶长裙,其色彩斑斓,显得婀娜多姿；有的节日期间的射弩比赛在右衽短上衣下配上一条艳丽的绣花"季百"（围裙），显得亭亭玉立。已婚女子佩戴的饰物更是炫目耀眼，她们耳戴"那课"（耳环，有的环串及肩），颈挂"力的"，头戴"俄勒"，胸佩"拉百"。这些是用玛瑙、银币、大象骨、古贝壳磨制而成的。但女人们的这些美丽装束并不会影响她们的比赛成绩，反而更增添了一种女性特有的美。有一年笔者回老家过阔时节，看到参加荡秋千比赛的姑娘拽着斑斓的七色长裙，甜甜地笑着走到秋千架下，双手紧紧地抓住秋千绳，右脚跨上踏板后，左脚一蹬，秋千绳就将她往前方送出几米远。接着她双脚一蹬踏板，双手同时将绳子向两边撑开，然后又收缩。如此来回，反复循环。不一会儿，秋千来回摆动的弧度已快到180度了，那七色彩裙，随着秋千忽前忽后地飘扬着，看上去就像一只大彩蝶在空中飞舞嬉戏，美丽至极。人群中欢呼声、叫好声不绝于耳。打秋千是节日期间女人们最喜爱的活动项目之一，因为她们认为，这一活动既好玩又能展示女性多方面的美。

节日期间，也是未婚青年男女结识、交友、定终生的好时机。为此，节日的游艺活动中，是少不了"江沙埋情人"这一项目的。阔时节时正是怒江水最湛蓝的时节，此时的怒江温顺地收回了雨季时的潮水，江边露出了银白色的沙滩。青年男女们就在这沙滩上进行策划好的埋情人仪式。届时已有恋人的青年男女约好伙伴，事先挖好沙坑，在伙伴的帮助下，将自己的恋人放进沙坑进行"安葬"（只埋下身）。然后"悲伤"地唱起"挽歌"（施我登俄），直闹腾到大家都满意尽兴了，才告结束。那"悲"喜交加的场面，既让人感

恋爱中的傈僳族青年

动,又让人捧腹。傈僳族青年男女之所以把自己的恋人埋于沙中,不仅仅是一种游戏活动,它还寄托着一个美好的希望,希望通过这种"埋葬",能埋葬掉自己恋人身上不吉祥的东西,使他(她)能永远健康美丽,永远吉祥幸福,也使他(她)明白自己得到的将是一颗比金沙银沙珍贵的美丽心灵,要互相珍惜。

节日期间,也是儿童们最幸福快乐的日子,他们的游艺活动同样丰富多彩,如转陀螺赛、跳圈儿、木轮车赛跑等。

澡塘会

澡塘会,又称"春浴节"。一般在汉族春节的初二至初八。但不是所有地方傈僳族都过澡塘会,只是怒江傈僳族自治州的登埂、麻布河、蛮口河等地傈僳族过此节。其中以登埂的春浴节最为有名,已被列入云南省非物质文化遗产名录。

◀ 登埂澡塘会

登埂澡塘位于怒江傈僳族自治州州府六库以北十余千米的怒江边上,明清时期,这里的春浴节活动已有较大的规模。据史书记载:"热水塘无人户,每年春节土人群聚于此入浴。男女老少来会者五六百人,各携带寝具、炊具、食物等进行数日沐浴治病。""每年春初汉夷聚集洗澡对歌","年关后的十日之集合,名为澡埂会,到温池沐浴,男女混杂,口歌脚舞,人民一年之俱乐斯会也"。

近年来,每年澡塘会参与的人数至少有数万人之多,人们除洗温泉浴外,还进行"摆时"、荡秋千、射弩等比赛及傈僳族传统的上刀山、下火海绝技表演,并开展物资交流活动。外地来的游客还可以在澡塘边鹅毛也沉底的滔滔怒江上体验溜索的刺激。可以说春浴节汇聚了傈僳族许多的重要民俗形式,很难得,很珍贵。

一直以来,春浴对傈僳族群众来说是一种去秽迎吉、除病保健、革过自新的圣洁、文明、卫生的行为。傈僳族民歌手们汇聚于澡塘会，进行"摆时"擂台赛，因此人们对此非常重视。春浴期间，人们怀着愉快的心情，扶老携幼，带上炊具、被褥等，在澡塘附近安营扎寨，穿上节日盛装，吃营养丰富的食品，喝精心酿制的布汁美酒。人们认为这样才能确保每天洗澡七八次，间或参加节日里的其他活动所需的体力和精力，并将为新的一年大展宏图打下坚实基础。

赶澡塘会 ▶

洗浴时，人们十分讲究道德和文明礼貌，形成一套完整的规矩，如分批洗浴，避免拥挤。先由长辈和年长者洗，再由晚辈或年轻人洗；男的洗浴时，女的负责准备饭菜、照顾老人；女的洗浴时，青壮年男子就去砍柴打水。又如男女间彼此尊重关爱，注重和谐及良好心态，忌谈不愉快的事等。

关于登埂澡塘会的来历，傈僳族有一个动人的传说。

在很久以前，歌舞之乡登埂出了一位美丽、善良的歌舞皇后，她的名字叫阿娜。阿娜姑娘的歌，婉转动听，一年三百六十天唱不完，"一篓包谷籽记不下"。古代傈僳族对歌比赛时，每当唱完一首歌，即放一粒包谷籽记数，唱到最后，谁的包谷籽多，谁为胜者。在此形容阿娜会唱的歌之多。阿娜姑娘的舞姿，异常迷人，看她表演，仿佛置身于仙境一般。远远近近的小伙子们纷纷前来向她表达自己的爱慕之情。在对歌和接触交往中，阿娜姑娘选定了意中人——歌喉动听、歌技高超、潇洒善良的阿普。阿娜姑娘已有意中人的消息传开后，早就想娶阿娜为妾的司扒（头人）对阿普很嫉恨，一心想除掉阿普。

有一天，阿娜、阿普俩在怒江边石头上对歌相会时，司扒一箭将阿普射入江中，将阿娜姑娘抢回家中，用棍棒逼她成婚。阿娜姑娘誓死不从，司扒怕她逃走，便将她捆绑起来，关进地牢。在地牢里，阿娜姑娘挣扎着磨断了捆绑在身上的绳索，然后取下阿普送的象牙簪子，从地牢向外抠洞，以求出逃。抠啊抠，抠坏了象牙簪子，就用手、用脚抠，她的手、脚骨头都抠碎了，鲜血淋漓，终于抠到了地面。她一点点地向怒江边爬去，她要与心上人死在一起。她经过的地方留下了一条血线，她昏厥停留的地方，留下一汪汪血。她死后，她的热血变成了连成片的温泉群，人们用这温泉洗澡可以驱除邪恶和不洁。后来，为了纪念这位善良、美丽、忠贞不渝的歌舞皇后，傈僳族人民每年阔时节期间都到这里沐浴、对歌、赛舞。澡塘歌会便这样形成了。

刀杆节

刀杆节，是傈僳族重要的传统节日。主要流行于云南省怒江傈僳族自治州，保山市的腾冲县、龙陵县以及德宏傣族景颇族自治州盈江县等傈僳族聚居的地区。时间一般是农历二月初七、初八两天。怒江傈僳族自治州的傈僳族则在有重大活动时举办刀杆节。刀杆节的活动内容主要有两项：一是下火海，二是上刀山。第一天是下火海的日子，每家每户都将早已准备好的锥栗木干柴运到刀杆场竖着堆成几堆，每堆柴有近500公斤重。至天将黑时把几堆柴点燃，熊熊燃烧的几堆篝火，下火海火焰灿烂，照亮了偌大的刀杆场及周围的田野，映红了天空。全村的人纷纷聚向火源，为下火海的勇士加油。同时把铁犁铧或铁链条也放入火堆中烧红。待燃烧至火焰熄灭，留下一

◀ 锥栗木柴

> **知识链接**
> **锥栗木柴** 木质坚硬，火力最强，炭火最烫。

大塘通红灼热的火炭。下火海就是表演者尼扒跳入这火塘,手舞足蹈,做各种惊险动作。主要的动作有:

以赤脚单脚或双脚跳进火塘,以极快的速度小步起跳,让脚下的火星四溅,然后从火塘的另一边跳出来,再围绕火塘手舞足蹈地表演一圈,将手中的小旗插在火塘周围。

以身体在火塘中翻滚。小腿蜷曲,双手收紧,上体前屈,时而前后翻滚,时而左右侧翻,要反复做数次。

以火"洗脸"。用双手捧起灼热通红的火炭,迅速地在自己的脸上揉擦,如捧水擦脸状,反复数次。

以舌舔烧红的铁犁铧或铁链条。从火塘中取出已烧得通红的犁铧或铁链条,用舌舔之,有时还要"趁热"把玩这些铁器。

整个下火海的过程中,火花飞溅,荡人心魄。几位表演者(尼扒)最后向人们展示他们的手、脚,并做各种舞蹈动作,表示他们已经过火海洗礼,精骨已净,并已得到神灵的护佑,为第二天的上刀山做好了准备。

上刀山就是几位上刀山的尼扒登上矗立在刀杆场上的刀梯顶端,并从刀梯的另一侧下到地面。这刀梯是由两根近40米长的笔直树干平行竖立固定在地面组成的,两杆之间的刀杆上一般绑36把明晃晃的锋利的长刀,如果遇有

刀梯 ▶

上刀山下火海前的祭祀活动

喜庆事，就绑72把长刀，刀杆的高度相应增加。刀梯使用的刀都是长刀，而且必须大小相同，型号一致，一定要十分锋利，决不能使用钝刀。拴紧做成刀梯，刀口一律向上，刀把左右岔开，在刀杆的底部、中部和顶部位置，分别绑上3道由两刀交叉形成的剪刀口、关卡，使刀梯更艰险。由于刀山太高，为避免上刀山时其摇摆或歪斜倾倒，在刀杆中段和顶部位置，分别用4条绳索向四周地面拉紧固定，在刀杆上扎有很多花束，在4条绳索及刀杆顶上拴有大大小小的彩旗，增添了刀杆节的喜庆气氛。刀山一般立两座。

　　上刀山时，已下过火海的几位勇士在资深上刀山神职人员尼扒的带领下，迎着参加刀杆节的人们的无数双眼睛和热烈掌声有节奏地边敲锣边跳神舞，进入刀杆场，绕刀杆几周，并举行庄严的仪式。登上刀梯前，每位上刀山的人都要向围观的人群展示自己没有任何防护的脚掌和手掌，然后才敏捷而又沉稳、镇静地用双手紧紧握住刀梯上的刀，双脚接着先后踩到刀刃上，有节奏地向上攀登，几个人鱼贯而上。那脚掌和刀刃接触之处，肌肉已深陷进了一条缝，好像刀刃已钻进了脚心。观众紧盯着他们的脚掌心和双手，屏住了呼吸，万分担心，怕出意外。为了解除人们的担心，登刀山的人要尽可能地不时展示一下自己的脚掌和手掌，表示没有任何问题。攀至杆顶，还要做各种惊险动作，如连续全身翻转360度；倒立杆头，形成刀山上的"山尖"等。第一个登上杆顶的资深尼扒还要在那里为乡亲及在刀杆场的人们、为家园及国家祈祷，并说一些祝福的话，还从腰间拿出准备好的吉祥物撒向四周。上到顶后，从刀山的另一侧下回地面。上刀山的人下到地面后，还要继续边舞边跳，并再次展示自己的脚掌和手掌，表示完好无损。

上刀山

人们也随着上刀山的勇士们的舞步就地舞起来，边舞边歌，互相祝福，整个刀杆场变成了歌舞的海洋。

傈僳族人民很重视过刀杆节，这不仅由于傈僳族人民崇尚刀山敢上、火海敢冲的誓死不屈的民族精神以及拥有纯洁美丽的心

上刀山

知识链接 **刀杆节的由来** 刀杆节，相传是纪念一位对傈僳族重恩的古代汉族英雄：明代兵部尚书王骥受朝廷派遣，率兵马到云南边陲傈僳族居住地区部署军民联防，平息叛逆，收复被侵占的土地，在当地百姓的配合下，赶走了入侵的敌人。为了使边境民富兵强，他带领傈僳青年习武练勇。后来皇帝听信谗言，毒死王骥。傈僳族人民把这位英雄献身的忌日定为自己民族的传统节日——刀杆节，并用上刀山、下火海等象征仪式，表达愿赴汤蹈火相报的感情。

灵，还由于相传它源于一场保边卫国的战斗。

傈僳族除以上传统节日外，还有火把节、新米节、七人节等。

> **知识链接** **傈僳七人节的来历** 七人节的来由，源于傈僳族对天、地、人关系的原始认识。傈僳族始终把人与自然合为一体，从每年的农历正月初一开始，把大自然的生物按民族习惯的生态链排列：一天、二地、三猪、四牛、五羊、六马、七人、八谷、九豆、十麦……充分体现了"民以食为天"的民俗观念，而傈僳族人把正月初七排为人的本命年来过，留传至今，形成了独具特色的"七人节"。在"七人节"活动中，包括祭祀、传统的绝技上刀山、下火海表演、民族服饰和舞蹈展演、唱歌对调、全村集体摆傈僳传统青松针坐地宴，歌舞狂欢等多个内容。活动顺序为：初五开始祭祀、初六立刀杆、初七清晨正式开始七人节活动，到初七深夜结束。

◀ 庆祝七人节活动

射弩会

傈僳族人每年正月初三进行射弩活动的风俗由来已久。在这一天，村里的傈僳族男人都要带上猪头肉、糍粑、茶酒等祭品，聚集在一个固定的场地上，通过祭祀、射弩的方式来祈求神灵保佑，并通过射弩时的情况来占卜、预知新一年的吉凶祸福。传统的射弩习俗，忌讳女性参与，有身孕妇女的丈夫也不得参与。

射弩时用的靶是一块松木板，木

◀ 射弩会开始前的祭祀

傈僳族弩

弩靶

板的最上面画有太阳和月亮，代表天地。

以下依次画有飞鼠、野猪、熊、虎、野山牛、鹿、岩羊、麂、獐、兔、野鸡、鸟12种动物，代表一年12个月。12种动物的排序也是固定的，傈僳族先人认为，飞鼠是唯一能在天空中飞行的兽类，故尊飞鼠排在最前，以后依次按头猪二熊三老虎的固定顺序排列。

射弩前，先要把每个参与者带来的猪头肉、糍粑、茶酒等祭品集中起来，点上香火进行祭山神、祭天地神灵的祭祀仪式，通过占卜问卦确认靶位地点，固定好靶后由祭祀的尼扒先射，尼扒

比赛开始

射完后其他人再按一定的顺序射靶。

在整个的射弩过程中，每个人只准射三箭。第一支箭代表"运"，即射箭者本人在新一年的运气情况。第二支箭代表射箭者本人及整个家庭的祸福吉凶。第三支箭代表新一年的财运，包括一家人一年的作物收成、狩猎收获等。其判断方法是根据射出箭的情况来确定。凶有三凶：第一，傈僳族先祖认为，人活于天地间，天地最大，不能违背天地常理，所以不能射中太阳和月亮

◀ 成绩

的图案，视射中太阳月亮为大凶、为最凶。第二，若箭射中靶后，没有射入木板而反弹落地，为第二凶。第三，射不中靶也为凶，但凶的程度比前两种轻。吉有二吉：射中动物图案为最吉，射中的动物排位越在前越吉，没射中动物射中木板为次吉。

以第一支箭为例，第一支箭代表本人运气，根据射出情况判断吉凶：（1）射中日月，运气大凶，或有血光之灾；（2）中靶反弹，次凶，或有灾疾，或有丧事；（3）不中，也凶，运气不好，凡事不顺；（4）射中，且中动物图案，运气很旺很好；（5）没中动物，射中靶子，运气不算很好，一般的好。其他第二箭、第三箭依此推断。

第十章
民族精英

　　历史是曾经鲜活的现实,现实是正在沉淀的历史。那些难以忘记的人,那些不该忘记的事,在岁月的流逝中,渐渐风化成经典。以歌为伴,在历史的洪流中阔步前进的古老而又年轻的傈僳族,在对自由世界的向往中,在对苦难岁月的超越里,在对外来侵略的反抗中,在对美好事业和生活的创造里,在对民族精神文化的创造和优秀文化遗产的保护、传承与弘扬中,涌现出大批优秀的傈僳儿女。本章以历史人物、专家学者、企业家以及民间艺人为专题,选择其中的几位人物作为代表,并按他们的出生年顺序进行介绍。

傈僳族风景

历史人物代表

加强怒江峡谷管理第一人——木必帕

木必帕（1528—1611），云南维西人。据有关历史资料简记和傈僳族老人世代口传，传说中的木必帕天生就有神灵附体，他聪明伶俐、思维敏捷，刀弩技艺过人，因此，被众人称为"吾萨依咱"，即上天之子的意思。

明嘉靖、万历年间，丽江木土司在和土蕃争夺临西（今维西）的战争中，木土司抽派傈僳族兵丁进行抗击。傈僳族兵丁在木必帕的带领指挥下，用弩弓毒箭与土蕃兵多次交锋，连连取胜。后因土蕃骑兵大量增援，而阴险狡诈的木土司撒手不管，傈僳族兵丁寡不敌众的情况下，木必帕只得率领兵丁们撤到澜沧江西岸。木必帕见藏兵已退，便带领伙伴越过碧罗雪山，进入怒江。从此峡谷进入木必帕管理时代。

在怒江定居下来后，木必帕主张"择地而居，不适再迁，直到满意"和"异族通婚，远距离通婚"，"大人教小孩学"，学习生存技能等生存之道，为傈僳族发展做出了巨大的贡献。

反清起义领袖——恒乍绷

恒乍绷（1776—1803），在清朝档案和地方文献资料中，又译写作"恒乍崩""恒兆绷""亨柘坪"等，均系傈僳语音译异写法，是清代恒乍绷起义（又称维西起义）的领导人，著名的农民起义领袖。云南省丽江府维西厅（今维西傈僳族自治县）人。嘉庆二年（1797）迁居到澜沧江东岸的莫言古（又写作"棉牙古""弥尔古"等）村。

嘉庆六年（1801），维西地区夏粮歉收，群众在被迫缴完"地丁粮""岁秋米""官庄粮""条粮银""山租"等沉重赋税后，已无多少余粮。恒乍绷与腊者布等人策划后，广泛联络傈僳群众，汇聚到康普、古刹二寨的土司衙门，要求把牛、羊、银米借给大家以度饥荒。土司不仅不借，反诬恒乍绷称王造反，逮捕了大批群众，并要求维西厅派官兵前来剿杀。嘉庆七年正月二十六日（1802年2月28日）官兵到后，对群众又大肆恐吓勒索，索贿不成，便欲以"作乱"处置。愤怒的群众即用弩弓、砍刀、木棒、石块等击溃前来"查弩"的官兵，并乘势攻下康普一带地方及乐吉古银厂和附近仓粮塘汛兵房。以恒乍绷为首领、腊者布为大总管，以傈僳人民为主体，有怒、汉、白、纳西、藏等各民族贫苦群众参加的反土司、反封建压迫的起义全面爆发。

起义军所到之处，势如破竹，清兵和土兵不断被消灭，战略要隘被占领，官兵已束手无策。清廷得知起义情况后，急令云贵总督觉罗琅玕、云南提督乌大经以及鹤丽总兵张玉龙、那麟泰、昭通营守备鲍友信等率军镇压，起义群众遭到血腥屠杀。恒乍绷为了发动、组织更多的群众参加斗争，便转移到澜沧江西岸，继续斗争。恒乍绷在澜沧江西岸，整顿队伍，恢复士气，与清军隔江对峙。

由于长期的战争消耗与人员的不断伤亡，起义军的困难也在增多。嘉庆八年三月（1803年4月）后，清军在连续增援下，以重兵再次全面"围剿"起义军。分散在江东各山头的起义军因长时间作战，粮食补给困难，人员伤亡大，最终被清军一一击破。八月中旬，恒乍绷的重要将领乌恒布、别的扒等先后在战斗中壮烈牺牲。九月二十日，恒乍绷带着患病的妻子普更玛和起义队伍向深山转移时被清军俘获。普更玛很快被折磨而死，恒乍绷经觉罗琅玕审讯后，被凌迟处死，还将其肢体分解发往各地悬挂。后清军又派人到莫言古挖掘了恒乍绷的祖坟。恒乍绷就义时，年仅28岁。

恒乍绷领导的起义虽然失败了，但这次起义沉重地打击了封建统治阶级，惩治了横行一方的地主、土司和恶霸，消灭了大批前来镇压起义军的清军和土司兵。为了镇压起义，清廷动用了一万名以上的官兵，耗费了大量的军粮和银钱，并动员了云南、贵州、广西三省的人力和物力。起义还迫使清朝统治者查办了一批贪官污吏，暂时减免了部分苛派，革除了一些地方封建法规和"改土归流"后遗留的土司制残余及领主特权，推动了社会的发展和进步。

抗英英雄——勒墨夺扒

勒墨夺扒（1869—1954），小名季阿省，云南省泸水县赤耐村人。其父是当地民族头人。清光绪十七年（1891）迁居到片马北部巴吾库居住。勒墨夺扒从小跟随父亲学习狩猎和生产技能，掌握了一流的狩猎和生产技艺，并养成了勤劳、勇敢、刚直不阿的性格。

光绪二十六年（1900）英军制造了"片马事件"，我国领土片马危在旦夕。为加强防务，登埂土司委任有勇有谋、热爱祖国的勒墨夺扒为片马总管事，管理片马各寨。在片马将被侵占的危急关头，勒墨夺扒毅然接受了总管事重任，并向土司推荐了一批当地有威望的各族人士，分别任命为各村寨头人，以加强防务，严防敌人入侵。

清光绪三十一年（1905），清政府在英方要挟下，被迫派遣腾越道尹石鸿韶为代表，与英国驻腾越领事烈敦到片马进行勘界谈判。烈敦竟然提出要以高黎贡山分水岭为界的无理要求，勒墨夺扒和各寨头人拿出清政府颁发的兵部扎符和登埂土司颁发的管事头人委任状，用铁的事实说明片马是中国的领土，使烈敦的图谋无法得逞。

◀ 勒墨夺扒

1911年1月4日，英国侵略军趁高黎贡山冰雪封山，怒江两岸的人民难以进入片马之机，出动了2 000多人，战马千余匹，用武力强占了片马。勒墨夺扒毅然组织起抗英武装——由100多人组成的蓑衣兵，用弩弓、长刀、戈、火药枪等原始武器，与装备有世界上最先进武器的英国侵略军进行了英勇不屈的斗争。勒墨夺扒在族舅褚来四领导的弩弓队的配合下，利用当地复杂的地形，茂密的原始森林，伺机给敌人以有力打击。还采用挖陷阱支竹签、安地弩等狩猎的方法消灭敌人。同时采用放滚石檑木、投毒、断水等方法使敌人在片马及高黎贡山的侵略活动受到极大的阻碍，不得不缩小占领区，龟缩在营房里，最后在全中国人民的声援下，迫使侵略者撤出了片马。

怒江傈僳族自治州第一任州长——裴阿欠

裴阿欠（1891—1967），1891年生于云南省碧江县子里甲区金秀谷村。民国时期，裴阿欠先后任过金秀谷村甲长、保长、嘉禾乡乡长等职；曾加入基督教，任教会密枝扒。在他担任嘉禾乡乡长期间，结识了当时在亚谷省立完小任教的中共地下党党员王荣才，并成为至交。不久裴阿欠调任里吾底乡后，把王荣才请到金秀亚谷任教。通过与王荣才的交往，裴阿欠了解了中国共产党、中国革命及毛泽东等人民的救星，同时也了解了国民党的黑暗统治使人民处在水深火热之中。1948年10月，裴阿欠得知中国共产党即将解放滇西北的消息后，组织起200多人的清算队伍，于1949年初到碧江设治局找局长，要求清算国民党地方官员欺压人民的账。但国民党的设治局长是不会允许人民起来与他算欺压百姓的账的，于是派出常备队来追杀裴阿欠，裴阿欠被迫带着两个儿子和几位民族头人逃往缅甸。1949年4月，一心要追杀裴阿欠的设治局长被撤换后，裴阿欠才得以回到家乡。

裴阿欠

裴阿欠通晓民族历史文化、宗教习俗，精通傈僳文，又善于演唱傈僳族传统民歌，是著名的歌手。能唱古老的傈僳族《创世纪》的人不多，裴阿欠是其中的一位。1949年6月，碧江和平解放后，在党组织的支持帮助下，裴阿欠利用自己的威望和影响，积极宣传党的民族、宗教政策，深入傈僳族村寨，广泛宣传共产党是各族人民的救星，并用"莫刮""优叶"等傈僳族群众熟知的民歌曲调，大力宣传"盐巴不吃不得，共产党的话不听不得"；宣传边疆不搞土地改革，共产党团结民族、宗教爱国人士等。当时边疆地区土匪尚未肃清，境外敌对势力并不甘心失败，他们互相勾结，利用民族和宗教问题等，挑拨离间，煽动叛乱，敌我斗争形势错综复杂，社会很不安定。这些宣传起到了团结各族各界人士跟党走，稳定边疆、稳定人心的积极作用。

1949年9月至10月，裴阿欠先后任碧江县政务委员会委员、主任，碧江县人民政府副县长。1950年，任丽江专区副专员，并到北京参加国庆观礼，受到毛泽东、周恩来等党和国家领导人的亲切接见。1951年，被选为丽江专区民族联合政府副主席。1953年，任怒江傈僳族自治区筹备委员会主任。1954年，被选为怒江傈僳族自治区人民政府主席。1957年，自治区改称自治州后，担任怒江傈僳族自治州第一任州长。

傈僳族音节文字创始人——汪忍波

汪忍波（1900—1965），云南省维西傈僳族自治县叶枝乡米俄巴村人。清光绪二十六年（1900）出生于一个贫苦农民家庭。

他从10岁开始师从著名的尼扒，系统学习本民族原生性传统宗教的内容、祭仪等全套知识和技能。到汪忍波12岁时，他已能背诵长篇祭祀经，能独立占卜、祈祷和实地祭祀神鬼，能测算出吉祥的年月日及时辰，规避不祥

◀ 汪忍波雕塑

预兆等，他还掌握了天文历法知识、本民族的历史及地理分布环境等。据《汪忍波自传》记述，他学习进步之神速，在属狗年三月他主持的一次大型祭祀活动后，令他的父亲和导师老尼扒"又惊喜又疼爱，不禁流下眼泪，以至哭了起来"。后来，汪忍波成长为著名尼扒，并继任为当地第20代祭天主持人。

随着年龄和社会阅历的增长，特别是随着对本民族历史、文化、宗教、语言等方面的深入了解、研究以及自身所具有的高超的手工技艺，不仅给年轻的汪忍波带来了知识和技能的力量，也给他带来了为社会、为民族尽一份责任的历史使命感和责任感。他不断在思考着社会和文化等方面的问题，在寻找着为社会、为民族做贡献的突破口。人们之间交往中由于没有文字所带来的不便、民族传统文化由于没有文字而不能记录所带来的传承危机等，让他感受深刻的事情，一直挥之不去。经过反复思考、研究，在他23岁时，下定决心要创造一套傈僳族文字。

民国十二年九月初八日（1923年10月17日），汪忍波到地里播种小麦。休息时，一直在思考着如何创造出傈僳族文字的他，看到身边有一块光滑的石片，便取下别在毡帽上的缝衣针，在石

片上造起字来。此时"心里时而默诵祭天祈祷时的经句,时而想到其他问题"。

从此,汪忍波便集中心思,按音节设计文字符号,削竹签做笔,找来纸张订成本子,花费极大的精力造字写字,总共写满了12个本子,并经过分析比较,归纳整理,调整字形结构,最后确定了1 250个字形,以其标示当地傈僳语的全部音节。后人通过对音节文字的整理,除去重复出现的,共有918个字。

汪忍波先生创造出傈僳族音节文字后,又花费极大的精力推广、普及和运用这些文字。他精心地将其编成191句大致押韵的歌谣式"识字口诀"——《傈僳文识字课本》,作为教材免费提供给群众学习。他一方面在自己家中办学,向前来学习文字的群众进行传授;另一方面走出本村寨,到要求学习文字的人较多的村寨进行集中传授。不论是在家还是外出讲授,他都一律不收报酬,有时还得招待学习者饮食。很快有1 000多傈僳族群众已掌握并用上了音节文字。

在向群众推广、普及音节文字的同时,汪忍波用音节文字将傈僳族的远古传说、天文、历法、农耕、手工业、医药、文学艺术等记录下来,为子孙留下了极为珍贵的百科全书式的文献资料。汪忍波不仅在宗教活动中表现出高超的水平,更以其人品、学识及对社会、对民族的责任感、使命感而赢得社会和人们的普遍敬重,成为傈僳族公认的精神领袖人物。

新中国成立前,汪忍波写了《汪忍波自传》,从中我们不仅可以了解汪忍波的一些成长经历和心路历程,还可以了解他所处时代的概貌,是十分珍贵的研究资料。新中国成立后,傈僳族人民翻身得解放,组织上先后送他到区、县、专区开会学习。1954年又让他参加民族参观团到昆明等地参观学习,进一步受到教育和鼓舞,他满怀深情地写了一首800多行的长歌,热情讴歌新时代,对伟大祖国奉献一片赤诚之心。此后,汪忍波经常参加社会活动,维护社会安定团结,继续致力于推广、普及音节文字,用音节文字帮助群众脱去文盲的帽子。在他晚年患重病而用手握笔非常困难的情况下,坚强地亲自将音节文字《傈僳族识字课本》重抄一遍,郑重地交给儿女保存,嘱咐他们以此作为传家宝世代流传下去,表达他对传承和弘扬民族文化的殷殷之情。

专家学者代表

云南省第一位少数民族资深翻译家——祝发清

祝发清（1921—2013），傈僳名叫桑孟益，1921年12月生，云南省泸水县大兴地乡阿里王地村人。早年曾学医，1954年毕业于云南民族学院政策甲班。

1950年1月13日，在张旭等中国共产党人的领导下，泸水县临时政务委员会成立，宣布泸水和平解放，祝发清被任命为临时政务委员会委员，主要负责税务和宣传工作。

1950年8月，祝发清调往保山政协工作，不久，经省里批示，被委任为保山专署卫生科（局）副科长，主持工作。后又代理专区医院院长一职，主持医院的日常工作。1951年7月，保山地区联合政府成立，祝发清当选为政协常委。

1954年8月，怒江傈僳族自治州成立，祝发清当选为州政协副主席（任期至1981年12月）。1955年，任云南省第一届政协委员。在任政协委员期间，他积极参政议政，深入基层搞调查研究，认真准备提案，认真履行人民政协委员的职责。到第八届政协委员任期结束时，他的提案已达70多个。他所提交的提案涉及边疆地区民族团结及政治、经济、文化、教育等各领域的发展。其中许多提案受到各级政府的重视。如《关于兰坪县城搬迁金顶镇》《关于成立维西傈僳族自治县》等提案被采纳并实施；《对民

◀ 祝发清

族文化大省建设的几点建议》等提案被收录到"建言立论集"中。由于他积极参政议政,在担任省第七届政协委员期间,获得云南省经济建设和社会发展贡献纪念奖。

祝发清十分重视傈僳族文化遗产的抢救、保护、传承和弘扬。早在1945年,他就开始收集记录本民族的传统诗歌、故事、谚语、舞蹈、音乐、童谣、宗教等方面的资料。1953年云南省政府办公厅借调祝发清到昆明,与中国科学院语言研究所傅懋勣、徐琳等专家开展民族语文工作,具体参加了傈僳族语言文字的研究工作,自此他开始了长达几十年的傈僳族语言文字研究和翻译生涯。一批批经他收集、翻译、整理的民间文学作品和自己创作的作品相继问世。出版、发表了《孤儿之歌》《傈僳族情歌》《傈僳族求婚调》《傈僳族的医生》《绿斑鸠》《阿四到了山顶上》《生产调》(与徐嘉瑞、蔡鸿英合作,汉文单行本)、《打猎调》(汉文单行本)、《牧歌》(傈僳文单行本)、《光加桑的故事》《姊妹分别歌》《石头人的传说》《大力士王鄂》《救命葫》《神药的故事》等数十部(篇)民间文学作品。还与人合作编辑出版了民间故事集《傈僳族民间故事选》和童话故事集《寻找太阳头发的故事》等。参加编撰出版了《傈汉小词典》。参加翻译出版了不少时政、文学、科普类作品,如《走苏联老大哥的路》《当芦笙响起的时候》《国境线上擒匪记》《疟疾与疟蚊》等。撰写发表了《傈僳文音节字的创造者汪忍波》《傈僳族英雄人物——恒乍绷》《怀念毛主席》《怒江架金桥》等数十篇文章。

祝发清的作品曾收入《中国民间故事选》《中国少数民族文学作品选》《中国少数民族民间故事选》《中国新文艺大系民间文学集》《傈僳族风俗歌集成》《云南民族民间故事选》等集子中。

祝发清创作的诗歌《怒江架金桥》荣获1981年云南省少数民族文学创作奖、全国少数民族文学创作奖;收集、翻译、整理的《光加桑的故事》荣获1982年云南省民族民间文学优秀作品奖。2001年12月,祝发清荣获中国"资深翻译家"称号,成为云南省第一位获得中国翻译家协会颁发的"资深翻译家"的少数民族翻译家。

傈僳族语言文字专家——木玉璋

木玉璋，傈僳名叫阿克·钱傅增，1930年生，云南省福贡县架科底乡恰打村人。

1948年初，木玉璋18岁，在国立丽江师范学校读书，学校里的和作善、钟秀生等老师都是共产党员，他们在课堂上经常讲国内形势、解放战争的进展和边疆各族人民即将迎来翻身解放的信息，这给木玉璋以极大的鼓舞和期盼。

1948年冬，学校停办，木玉璋辍学回家。由于下雪，碧罗雪山的路被大雪封住，木玉璋只好在兰坪白族老乡家里住了一个多月，到1949年2月才回到家。同月，去兰坪营盘街赶集时，从共产党员王牛才那里得知剑川、丽江、兰坪解放了，整个滇西北将在中国共产党的领导下很快获得解放。木玉璋十分振奋，回家后即与裴阿欠的儿子阿邓仕等人去碧江进行革命宣传工作。他和木春盛一起将《三大纪律八项注意》《共同纲领》以及革命歌曲、标语等翻译成傈僳文贴到街上，让更多的群众了解我们党及革命形势，让国民党碧江设治局当局知道中国共产党领导的革命形势不可逆转，迫使其接受中共滇西工委关于碧江和平解放的条件。

◀ 木玉璋

1951年，木玉璋被组织送到中央民族学院军政干部班学习，1954年毕业后分配到云南省民族事务委员会工作，工作之余为编译室收集和翻译一些民间文学作品。这个时期，木玉璋遇到了对他后来走上傈僳族语言文字研究产生重要影响的傅懋勣教授。傅懋勣邀请木玉璋、徐琳一起写《傈僳语语法纲要》，由傅先生主笔，木玉璋和徐琳主要负责找素材。同时，木玉璋和徐琳着手收集翻译整理在傈僳族地区流传很广的《逃婚调》。傅先生还经常带木玉璋去云南大学听自己讲授的有关民族语言调查、民族识别及语言学基础理论的课。在向傅懋勣教授学习理论课的同时，木玉璋开始理论联系实际，深入到怒江等地区开展傈僳族语言文字的田野调查。

1956年，木玉璋被调到中国科学院语言研究所工作，师从傅懋勣教授，正式走上了专门从事傈僳族语言文字研究的道路。同年，中央成立了全国性的7个少数民族语言调查队，木玉璋作为云南少数民族语言调查队第三工作队的成员，承担了试验推行新傈僳文的任务，并常驻怒江傈僳族自治州，直到1960年。这期间，木玉璋收集记录了大量的傈僳族民间文学作品、文物资料，但除已记在脑海里的外，所记录的资料和文物在田野调查中全部散失了，这给他留下了永生的遗憾。

1965年5月，木玉璋利用回怒江傈僳族自治州讨论确定新傈僳文文字方案的机会，请时任怒江傈僳族自治州州长的裴阿欠唱述并记录了"裴版"傈僳族著名的叙事长诗《创世纪》，及时抢救、保护了一项珍贵的民族文化遗产。

"文化大革命"结束后，木玉璋一方面尽可能多地到傈僳族地区调查，收集傈僳族音节文字资料等；另一方面笔耕不辍，先后独立或与别的同志一起撰写出版了《傈僳语语法纲要》《傈僳语概况》《傈汉对照词典》《傈僳语言简志》《傈僳语方言研究》《碧罗雪山歌韵文化》《傈僳族语言文字及文献研究》（一、二、三）等著作，其中《傈僳语言简志》曾获国家级研究成果奖，独立编著的《傈僳族语言文字及文献研究》（一、二、三）荣获了新闻出版总署原创作品奖。他独立或与别的同志合作收集、整理、译注出版了《人类的金色童年——傈僳族叙事长诗创世纪·牧羊歌》《祭天古歌》（上、下册）等珍贵文化遗产。他还独立撰写了《傈僳族文字——老傈僳文》《傈僳族文字——新傈僳文》《傈僳族音节文字及文献研究》《傈僳族诗歌的艺术特色和文化价值》《傈僳族首领木必帕扒入怒江史迹初探》《傈僳语数词的构成和用法》等论文。这些著作和论文，大多具有填补空白之功，具有很高的历史价值和学术价值。

企业家及民间艺人代表

傈僳族民间艺人的优秀代表——余海青

余海青,生于1954年9月,傈僳族,中国农民画研究会会员,初中文化,家住云南省腾冲县滇滩镇联族村棋盘石社。1973年,他的处女作《牧猪》刚完成,便参加了全国农民画展。并先后有《喝情酒》《牧歌》《赛》《舂米曲》《放猪》《上刀杆》《傈僳人家》《双休之日》《取岩蜂蜜》等多幅作品参加县、地(市)、省和国家级美展,并获奖。部分作品还被传送至日本、美国、缅甸等多国展出,其作品被当地美术馆、博物馆收藏,多幅作品在各级刊物发表,多次获国家及省、市表彰奖励。2005年荣获"腾冲县首届文化艺术政府奖一等奖(美术类)"。2004年14幅腾冲农民画参加"第七届中国艺术节全国现代民间绘画画乡建设成果展暨第二届秀洲中国农民画艺术节中国现代民间绘画优秀画家提名展",余海青荣获"2004中国现代民间绘画优秀画家提名奖",他创作的《傈僳人家》被浙江省美术馆永久收藏。2005年6月,余海青的《赛》《下火海》《取岩蜂蜜》《双休快乐》《舂米曲》《放猪》等作品,参加纪念中缅建交55周年"中国文化月活动(仰光)"绘画摄影展,获得我国驻缅甸大使馆文化参赞处颁发的荣誉证书。

◀ 余海青

傈僳族民营企业家的优秀代表——谷万全

谷万全,1961年7月生,四川省盐边县红果彝族乡三滩村人。经济师,中共党员。现任盐边县金谷煤业有限责任公司董事长,盐边县红果商会会长,中国傈僳学专业委员会常务理事。1992年,担任苏家坪子煤矿矿长。2001年12月,谷万全在

谷万全 ▶

苏家坪子煤矿的基础上,组建成立了盐边县金谷煤业有限责任公司。谷万全带领公司提出"以煤为主,多元化发展"的道路,先后涉足农业综合开发、钒钛磁铁矿开发、矿山救护服务、煤化工、煤矿生产安全培训、科工贸、房地产开发、旅游服务等,并控股成立了相应的专业公司,使公司向着多元一体的集团化方向健康发展。

与谷万全和他领导的企业一同成长的还有谷万全对社会、对民族的感恩与回报。他始终以一颗拳拳的感恩之心和高度的社会责任心践行着企业成立之初确定的"真诚服务社会,促进傈僳民族全面进步"的宗旨,在扶农、扶贫解困、捐资助学、弘扬民族文化、促进民族事业发展等社会公益事业方面累计投入资金800多万元,解决贫困地区农民就业400多人。先后资助过云南省民族学会傈僳族研究委员会、云南民族大学傈僳学研究中心和中国傈僳学专业委员会等傈僳族研究机构和社团组织。

谷万全曾荣获国家民委"民族团结进步模范"、四川省第五次"民族团结进步模范个人""攀枝花市企业改革三十年功勋纪念章""攀枝花市煤矿安全生产优秀业主"等荣誉称号。

傈僳族民间艺人的优秀代表——阿石才

阿石才,原名"雀丽军",1966年生于丽江纳西族自治县鲁甸乡拉美荣村。鲁甸乡是个纳西、傈僳、白、藏等民族杂居的高寒山乡,各民族文化绮丽瑰奇,而傈僳族更是个"歌舞不分家"的民族,大碗喝酒,柔情歌唱,潇洒舞蹈,酒和歌舞正是傈僳人驱赶大山寂寞、衣食贫穷的锐利武器。

傈僳人抬头唱云,低头唱心;远唱山,近唱水,出口成词,旋律生情,什么都能以歌传声、以舞表情,甚至,民俗特异到连人死了,也要又唱又跳三天再三夜。阿石才11岁那年,在村里一位老者的葬礼上,几位傈僳族民间的老艺人弹唱至第三个夜晚深夜两三点时,嗓音哑了,手臂酸了,如醉如痴守了老艺人三天三夜的阿石才，好奇而胆怯地拿起了一位艺人腿旁的葫芦笙，试着吹抚了两声。这一吹不得了，好像唤醒了沉睡在傈僳少年心中的音乐，让他如沐天河之水洗脑润心的灵透。从此，阿石才便走上了民间艺术之路。

◀ 阿石才

阿石才先后出版歌舞专辑《丽江黎明傈僳族歌舞打跳》《三江天籁1》《三江天籁2》等。先后参加中央电视台《神州大舞台·爱国歌曲大家唱》《我们有一套》，上海卫视的《中国达人秀》以及《首届云南省傈僳族原生态歌舞乐大赛》等均获得优异成绩。和丽江著名演员邱林一起主演电影《背上歌声去远方》。阿石才在傈僳族文化的传承保护中做出了自己的努力，并取得了优异成绩，被选入《傈僳族民间艺人荟萃》（鲁建彪编著）一书。

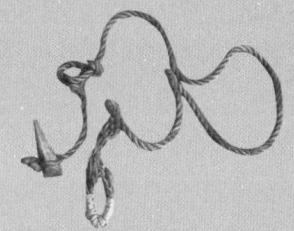

第十一章
民族区域自治

在党的民族理论民族政策的指导下，傈僳族建有1个自治州、1个自治县，还有23个民族乡。傈僳族自治地方有极其丰富的民族旅游资源、气候资源、土地资源、水利资源、矿产资源和生物资源。尤其是生物资源丰富，动植物种类繁多，有滇金丝猴、白眉猴、长臂猿、穿山甲、狗熊、野鸡等国家级保护动物及各种具有药用价值的国家级保护植物。草场资源也很丰富，雨量充沛，适宜各种养殖业的开发。这些不仅是傈僳族人民特有的财富和宝藏，还是中华民族的物质文化遗产。

中华人民共和国成立以后，在党的民族理论与民族政策的正确指引下，先后建立了1个傈僳族自治州，1个傈僳族自治县，23个傈僳族乡。

怒江傈僳族自治州

怒江傈僳族自治州是全国唯一的傈僳族自治州，成立于1954年。位于云南省西北部，地处东经98°39′~99°39′，北纬25°33′~28°23′，东连迪庆藏族自治州、大理白族自治州、丽江市，西邻缅甸联邦，南接保山市，北靠西藏自治区察隅县，境内国境线长449.467千米，占中缅边境线的20%，占全省国防线的10%以上。全州南北最大纵距3 204千米，东西最大横距153千米，总面积14 703平方公里。全州总人口为534 337人。州内居住有傈僳、白、汉、怒、独龙、普米、彝、纳西、藏、傣、景颇等12个民族。汉族人口为65 995人，占总人口的12.35%；各少数民族人

怒江傈僳族自治州办公大楼

> **知识链接** **六库** 位于云南省西部边陲，是一个以傈僳族为主的多民族聚居镇，是东方大峡谷怒江第一镇。它东靠碧罗雪山，西与缅甸接壤，南与泸水县上江乡、老窝乡毗邻，北与泸水县大兴地乡、鲁掌镇相连。六库镇为州、县、镇三级党委、政府驻地，是全州政治、经济、文化、商贸交通中心，是物流、信息、资金、人才的集散地。全镇年平均降雨量为1 010毫米，年平均气温21摄氏度，最低海拔300米，最高海拔800米，冬暖夏凉，距昆明省城612公里。全镇干湿两季分明，气候立体，土地肥沃，雨量充沛，资源丰富，既有山区温凉地带，也有低热河谷地区，适宜发展粮、蔗、烟、茶、林、畜、鱼、水果、蔬菜、花卉、药材等产业和乡镇企业。

口为468 342人，占总人口的87.65%；傈僳族人口为257 620人，占总人口的48.21%。

怒江傈僳族自治州境内群山耸立、江河纵横，澜沧江、怒江、独龙江由北向南纵贯云岭、碧罗雪山、高黎贡山、担当力卡山四大山脉，形成山高、坡陡、谷深、水急的三大峡谷。怒江大峡谷长310千米，平均深度约2 000米，为世界第三大峡谷。州内最高峰为高黎贡山楚鹿腊卡峰，海拔4 649米；最低点为泸水县上江乡境内的蛮云村江边，海拔850米。州境内天气变化大，气候各异。

> **知识链接** **碧罗雪山** 在兰坪白族普米族自治县境内绵延142千米，海拔超过4 000米的雪山就有15座。其中最高峰老窝山是这些雪山中最美的地方，海拔4 500米，与澜沧江的相对高差达3 200米，原始生态系统保存十分完整。山中气候变化异常，飞瀑密布，高山湖泊云集，被人们称作万瀑千湖之山。春夏之交，山中云雾腾升，登临绝顶观旭日东升或夕阳西下，颇为壮观。东面的玉龙雪山、哈巴雪山、金丝厂雪山、老君山、雪邦山在云海中犹如波浪滔天的大海中的小岛。

怒江傈僳族自治州是我国资源最为富集的地区之一，现已发现各种矿藏28种，矿床点200多个，其中仅兰坪铅锌矿已探明储量就达1 645万金属吨，是亚洲最大的铅锌矿床，也是世界特大型铅锌矿床之一。怒江州境内河流密集，拥有怒江、澜沧江、独龙江三大干流及183条支流。水资源总量是95 591亿立方米，占全省水资源总量的43%。怒江、澜沧江、独龙江及其支流落差大、流速快，水能资源极为丰富。全州水能资源理论蕴藏量达2 000多万千瓦，占全省水能资源蕴藏量的20%，可开发的装机容量1 800万千瓦，年发电量可达8 509亿千瓦时，占全省年发电量的19%。

怒江傈僳族自治州是天然的植物基因库，全州已知的高等植物有200多个科、600余属、3 000多种，列入国家级保护植物42种。州境内动物资源丰富，种类繁多。经中国科学院昆明动物研究所多次考察，已知脊椎动物有488种，其中国家保护动物40余种，鸟类284种（鸟类中有32种为中日保护候鸟，8种为世界濒危鸟种），兽类128种，爬行类动物30种，两栖类动物30种，鱼类44种。境内有两个自然保护区，即高黎贡山自然保护区和怒江自然保护区。

怒江傈僳族自治州辖泸水县、福贡县、贡山独龙族怒族自治县和兰坪白族普米族自治县，有29个乡镇，260个村民委员会。

> **知识链接** 丙中洛 位于怒江傈僳族自治州、贡山独龙族怒族自治县的北部，距州政府所在地六库329公里，距贡山县城43公里。东邻迪庆藏族自治州德钦县，南连捧当乡，西接与缅甸接壤的独龙江乡，北邻西藏林芝地区察隅县。全乡国土总面积823平方公里，地势北高南低。是滇西北三大山脉即高黎贡山、怒山、云岭，与三江，即怒江、澜沧江、金沙江形成倒"川"字的"三江并流"核心区，怒江由北向南贯穿全境，东面为碧罗雪山，西面是高黎贡山，两山夹一江，形成明显的高山峡谷地貌。丙中洛境内有国家级4A景点3个，怒江第一湾、石门关和丙中洛田园风光，省政府批准的一级景点2个，二级景点6个，三级景点3个。丙中洛呈不规则四边形，地势北高南低，最高峰嘎娃嘎普雪山5128米，终年积雪。最低海拔为与捧当乡交界处江面1430米。乡政府驻地丙中洛坝子海拔1750米，是怒江峡谷深处难得一见的开阔台地，面积约为15平方公里，四面环山，整个坝子被念瓦洛河和格马洛河分割成三大块，平坝周围的石崖多为羊脂玉岩，南为贡当神山，北为石门关，南北遥相呼应，形似"相约无期"的一对恋人，怒江从北部的秋那桶深谷进入丙中洛，从丙中洛南边一直到大拉，形成弯弯曲曲几道弯，最大的一道弯在坎桶被称为"怒江第一湾"。

怒江傈僳族自治州集自然地貌博物馆、民族文化大观园、生物物种基因库和爱国主义陈列馆为一体。这里拥有世界级的生物资源、水资源、旅游资源及民族文化资源。

> **知识链接** 知子罗 是一个令人难忘的地方，它曾记载了一段历史，曾有过耀眼的辉煌。1974年以前知子罗是怒江傈僳族自治州州府所在地，1986年以前是碧江县政府所在地。知子罗是一个古老的怒族聚居地，据1920年《知子罗属地志说明书》载："知子罗自有怒民以来，系自成部落，素来归服，原无土司管理。"1912年，在中华民国始建之年，云南都督府殖边进驻这里，设立了知子罗殖民公署。1916年改设知子罗行政委员会公署，后改为碧江设治局。1949年6月碧江解放，成立了碧江县临时政务委员会，知子罗自此成为占地1550平方公里的碧江县政治、经济中心。

怒江傈僳族自治州位于三江并流景观区的核心地带。三江并流世界自然遗产8个片区中，怒江傈僳族自治州拥有4个；三江并流地区世居民族共有14个，其中怒江傈僳族自治州就有7个。多民族和谐共同生活的历史孕育了丰富的原生文化：傈僳族的山地农耕生态文化，独龙族的纹面文化，白族支系勒墨、拉玛的古老文化，普米族的山岳生态文化，怒族特有的文化等，是三江并流地区人类金色童年的文化宝库。傈僳族和独龙族村寨的民居及生产、生活用具独具民族特色。傈僳族信仰原生性传统宗教，保存有原始图腾崇拜的遗迹，有阔时节、刀杆节、尝新节、澡塘会等民俗节日。怒族有仙女节，独龙族有卡雀哇等民俗节日。傈僳、怒、独龙等民族的人民性格豪爽、热情好客、能歌善舞。怒江州民俗丰富多彩，尤以傈僳族的刀杆节、独龙族的镖牛习俗最为独特。各民族均有不同的宗教信仰，原生性传统宗教、藏传佛教、基督教并存。

> **知识链接** **听命湖** 在距片马不远的地方，有一个神话般的湖泊，人们叫它听命湖。听命湖位于泸水县片马东北部，距离高黎贡山风雪垭口600米的地方。海拔约3 540米，从泸水县出发到听命湖，要攀越陡峭的山谷，穿过茫茫林海和高山灌木林，道路崎岖。听命湖清碧透明，水深莫测，凛冽如冰，四周森林密布，野生动物在四周栖息游荡，国家保护珍稀动物灰腹角子雉、山驴、金丝猴、小熊猫、羚羊等就常年生活在这里。湖区的景色随着四季的变化而不同，春天，雪山融化的涓涓雪水汇入湖中，漫山的杜鹃点缀四野，这里是一片苏醒的野生动物的乐园；夏天，葱绿的林间百花盛开，云海茫茫；秋天，碧蓝的湖水倒映着岸边金黄的树叶，秋高气爽；冬天，寒凝大地，这里一片宁静。听命湖笼罩着神秘的色彩。人们到这里只能轻声细语地说话，如果大声叫喊，顷刻间便会风雨交加，冰雹突然而至，因此人们又把它称作迷人湖。其实，这都是湖区上空弥漫着饱和水分的浓雾，遇到声波震动，就凝聚成雨和冰雹的缘故。过去，凡遇到大旱之年，山下的百姓就准备好祭祀品和雨具，到听命湖畔祈求天神降雨。人们摆好祭品，搭好雨棚，然后载歌载舞，瞬息，听命湖上空便乌云翻腾，风雨随之而来。听命湖住宿：在姚家坪附近有个自然保护站和道班，有住宿。

怒江傈僳族自治州是理想的旅游胜地，现已开发的景区有福贡县石月亮徒步旅游景区、兰坪白族普米族自治县罗锅箐景区、独龙江徒步探险景区、碧罗雪山七莲湖徒步旅游景区、片马口岸旅游景区、姚家坪旅游度假区、玛布温泉度假区、贡山县丙中洛度假村等。在贡山还发现了古老的岩画。怒江及独龙江上至今还保留有溜索、藤桥、铁索桥等各式桥梁。

人畜溜索过江

> **知识链接**
>
> **石月亮** 在高黎贡山山脉中段3 300米的峰巅,有一巨大的大理岩溶蚀而成的穿洞,洞深百米,洞宽约40米,高约60米,沿着怒江北上,百里之外,就可看到这个透着白云蓝天的石洞,它有一个好听的名字,叫作石月亮。它仿佛是开天辟地就耸立在那里,在傈僳族古老的大洪水神话中,它就已经存在了。傈僳语称它为"亚哈巴",石月亮的意思。每一个看到它的人,都希望接近它,然而,它仿佛是留给勇敢者的去处,这里山峰陡峭,道路崎岖,气候变幻无常,没有勇气和毅力是无法到达峰顶的。石月亮的成因,是因怒江峡谷正处在欧亚板块与印度板块的接合部,强大的地质应力和迅速上升的地壳,构成了怒江峡谷独特的地质奇观和美丽的自然景色。
>
> **独龙江** 位于怒江傈僳族自治州背面,是云南的最北面,藏在高黎贡山深处,与缅甸、西藏相连,那里居住着古老封闭的民族——独龙族。由于独龙江特殊的地理位置,进去的人很少,而那里的秀丽风光和独特的人文文化给人们带来了极大的诱惑。一般每年10月到次年的4月为封山期,也就是说新路(孔目-贡山的公路)和老路(旧的人马驿道)所必经的两个垭口,在此期间都是大雪封山,有时雪深可达一人多深。那时里面的人出不来,外面的人也进不去。最佳的旅游季节应是在每年的9月份,那时雨季刚过,雨水较少,而垭口又无雪,植物生长茂密,独龙江、普拉河水质清澈(多雨就会变黄),景色也非常好。此时各种毒蛇、蚂蟥、毒虫不会很多,对徒步旅行的人非常有利。垭口的雪一般在六月底才会彻底融化。

维西傈僳族自治县

维西傈僳族自治县是我国唯一的傈僳族自治县，成立于1985年。维西是傈僳文化的发祥地，傈僳文化的繁荣区，是人间仙境香格里拉的重要组成部分。县境内拥有蔚为壮观的澜沧江峡谷，莽莽苍苍的原始森林，气势磅礴的雪山冰峰，丰富多彩的珍稀动植物，风光迷人的湖泊、草甸和田园风光。

位于云南省西北部，介于北纬26°53′~28°02′，东经98°54′~99°34′，东西最大跨径70公里，南北纵距122公里，总面积4 664平方公里。自古就是滇西北疆防要塞之地，是通往印、缅、康藏的驿运通道之一，又是古代滇西北茶马互市的汇集点。

维西傈僳族自治县辖1个镇，9个乡，分别是保和镇、永春乡、巴迪乡、维登乡、白济汛乡、塔城乡、攀天阁乡、中路乡、康普乡、叶枝乡。其中，叶枝乡是傈僳族音节文字的发祥地。县境内杂居有傈僳、藏、彝、普米、怒、独龙等少数民族。2004年末，全县总人口145 244人，少数民族人口121 207人，占总人口83.45%。维西是一个以傈僳族为主体的多民族聚居县份，2003年末，傈僳族人口79 407人，占总人口的54.93%。

维西傈僳族自治县地处世界自然遗产三江并流腹地，东与迪

> **知识链接** **戈登遗址景区** 位于维西县城东北90千米的塔塔乡戈登村西约500米的腊普河东岸崖下，距离河面约50米。此遗址于1958年发现，由省博物馆考古队清理发掘。戈登遗址被鉴定为新石器时期遗址。这无疑填补了迪庆州新石器时代文化的空白，证明州境内在新石器时期就有人类繁衍生息。将出土文物的制造技术与邻近地区发掘出土的新石器比较，发现其上限不早于西藏昌都卡若遗址年代（距今5000~4000年），下限不晚于宾川白洋淀遗址年代（距今3500~3000年）。戈登新石器遗址的发现不仅把迪庆州人类发展的历史推进了近千年，还对深入研究西南三江（即金沙江、澜沧江、怒江）流域的新石器文化及其与北部诸省的新石器文化间的联系有重要作用；为上述地区历史上的民族迁徙、原始社会状况研究提供了重要的实物依据。戈登新石器遗址出土的文物于1975年在云南省博物馆内做过专题陈列展览。迪庆州博物馆建成后，为博物馆收藏陈列。

▲ 维西傈僳族自治县县城远眺

庆藏族自治州香格里拉市隔江相望，东南与丽江市玉龙县接壤，南与怒江傈僳族自治州兰坪白族普米族自治县相连，西与怒江傈僳族自治州贡山县、福贡县为邻，北与迪庆藏族自治州德钦县衔接。境内最高海拔为碧罗雪山的查布朵嘎峰4 880米，最低海拔是维登的碧玉河1 480米，海拔相差3 400米。云岭山脉东濒金沙江，西临澜沧江，自北往南延伸，气势雄浑；碧罗雪山矗立于澜沧江与怒江之间，群峰巍峨，连绵起伏，形成天然屏障。地势大起大落，由南往北呈阶梯状抬升。自治县境内地貌类型复杂多样，有高山、河谷、山间小盆地和高山褶断（凹陷枯湖沉积地或草甸），由于河水冲刷和自然风化，地貌常被分割，形成典型的"V"形地貌。

维西傈僳族自治县地处低纬度高原，气候冬长无夏，春秋相连，仅有冷暖、干湿和大小雨季之分。又由于地质结构复杂，海拔高低悬殊，形成立体气候。

维西傈僳族自治县资源富集，特别是水资源、矿产资源、生物资源和旅游资源极为丰富,素有横断山脉中绿宝石的美称,被誉为兰花之乡、药材之乡、天然杜鹃花园和滇金丝猴的大乐园。县境内生物多样性特征突出,是滇西北动植物基因库之一,不仅生活着滇金丝猴、小熊猫、羚羊、云豹、金猫、雪豹等国家级保护动物,而且还生长着兰花、杜鹃、龙胆草等360种名花奇卉和红豆杉、秃杉、槭木、珙桐等多种珍稀树种。维西兰花更是一枝独秀,其形态优雅,花香幽久。奇花、名花繁多,深得爱花者的赞誉。

民族乡

拖顶傈僳族乡

拖顶傈僳族乡属于迪庆藏族自治州德钦县。下设拖顶、落沙、大村、左力、落玉5个村委会、92个自然村,总人口9 609人。乡境内有藏族、傈僳族、汉族、纳西族、白族等民族杂居,其中藏族占全乡总人口的51%,傈僳族占全乡总人口的48%,其他民族占全乡总人口的1%。境内气候温暖湿润,风景秀丽,民族文化氛围浓郁,是全州3个民族乡之一。

拖顶傈僳族乡平均海拔1 970米,东与香格里拉市五境乡跨金沙江相连,南接维西傈僳族自治县塔城镇,西连霞若乡,北靠

◀ 拖顶傈僳族乡远景

奔子栏镇。地势西高东低，珠巴洛河由西向东流入金沙江，农田、村舍多位于金沙江和珠巴洛河沿岸的偏坡地带。全乡森林面积270万亩，人均有林285亩。

霞若傈僳族乡

霞若傈僳族乡属于迪庆藏族自治州德钦县。地处国家级白马雪山保护区及三江并流世界自然遗产核心腹地，是该县两个民族乡之一。辖霞若、石茸、夺松、月仁、施坝、各磨茸、粗卡通7个村民委员会、214个自然村寨，总人口为8 290人，其中少数民族人口为8 069人，占全乡总人口的99.6%。全乡境内以傈僳族和藏族为主体民族，分别为4 394人和3 813人，占全乡总人口的53%和36%。境内藏传佛教、基督教、傈僳族原生性传统宗教3种宗教共存。一直以来各教派之间和睦相处、相互尊重、共存共荣。

霞若傈僳族乡总面积1 589.11平方公里，平均海拔为2 362.6米。霞若气候差异不大，四季较分明，年平均温度为10.7摄氏度，年平均降雨量726毫米，气候垂直分布为暖湿带、温带、温凉带。境内的珠巴洛河是金沙江流域的主要支流，起源于白马雪山北麓，河流流程90千米，河面宽15米，流域面积1 835平方公里。霞若境内的东、北、西部为高山丛林，森林覆盖面积占总面积的70%。林木主要有高山松、云杉、冷杉、栎、杨。经济林

霞若傈僳族乡澜沧江大桥

木有核桃、生漆。盛产羊肚菌、松茸、黑木耳、松香。乡境内野生药材资源丰富，主要有当归、茯苓、天麻、木香、胡黄连、秦艽。乡境内野生动物有滇金丝猴、熊猫等16种国家一级、二级保护动物。矿藏资源丰富，现已探明的有金、铁、铜、铅、锌、石棉，但均因处于保护区内而严禁开采。

霞若傈僳族乡境内流传的歌舞主要有傈僳族的阿尺木括、阿哟哟和藏族的弦子、锅庄等。傈僳族阿尺木括为自娱性歌舞，意为山羊的舞蹈。迪庆傈僳族在长期的不断迁徙中，形成了互相团结、粗犷而细腻、奔放而深沉的民族性格。"阿哟哟"是其主要的山歌调式之一。

浓郁的傈僳族风情和独特的旅游景观成为霞若的特色，发展旅游业极具潜力。霞若傈僳族风情特色最为浓厚的地方当数施坝傈僳族的民居、农作物种植、服饰、传统手工艺品、宗教、民歌、舞蹈、历法、特色饮食、节日活动等；施坝的原始森林生态景观（包括施坝原始森林、施坝温泉、帕姆乃、石月亮、高山湖泊、滇金丝猴、观赏植物、药材）和珠巴洛河流域田园风光，是人与自然和谐共生的形象展示和完整诠释。

黎明傈僳族乡

黎明傈僳族乡属于丽江市玉龙县。地处世界自然遗产三江并流的腹地，东与香格里拉市金江镇隔江相望，南与玉龙县石鼓镇、石头乡接壤，西与怒江傈僳族自治州兰坪白族普米族自治县相连，北与玉龙县巨甸镇、鲁甸乡毗邻。海拔在1 800~4 513米。总面积729.1平方公里，辖黎明、黎光、堆美、美乐、中兴、茨科、金庄等7个村委会，118个村民小组。总人口15 260人，居住着傈僳、纳西、汉、白、彝、苗、普米等民族，其中傈僳族人口6 478人，占全乡总人口的42.5%。

全乡旅游资源、气候资源、土地资源、水利资源丰富，是丽江市开辟旅游第二战场的主阵地。

黎明傈僳族乡境内分布着248平方公里的丹霞地貌群，其相对高度、绝对高度以及壮观程度、色彩绚丽程度均居全国之首。2003年7月2日，三江并流申报世界自然遗产成功，申报报告中称黎明为"中国第一、世界一流"。2004年1月19日，中国国土

黎明傈僳族乡千龟山风景

资源部批复了黎明——老君山国家地质公园。黎明丹霞地貌色彩绚丽,有的赤红欲燃,有的五彩斑斓,有的造型独特,其山石"色若沃丹,灿若红霞",经自然界风化侵蚀后形成了千姿百态的峰丛、悬崖、溶洞等景观。在绿树的簇拥之下更显出了丹山碧树的特点,这是大自然留下的杰作,对人们具有独特的吸引力。黎明千龟山一角具有代表性的景观有千龟山、万龟城、丹霞赤壁、南天门、太阴山、太阴谷、老君炼丹炉、同心柱、神鸟彩屏、一线天等。其中,千龟山、万龟城的龟裂的山体从规模、景观质量等方面在国内都最具有代表性,堪称西南地区一绝。

　　黎明傈僳族乡地处群山环抱的山谷中,四周高峰林立,拔地而起的红色砂岩峰丛把南方的天空割成锯齿状。每到冬至前后,太阳在南方的天空中离地面很近,所以早晨太阳升起后不久,在南方锯齿状群峰间的狭窄天空中行走不到一个时辰,又落到了另一座峰峦后;正当人们为这峡谷里白天的短暂而惊叹不已时,第

黎明傈僳族乡千龟山情人柱

二座雄奇峰峦的西侧竟又射出万道霞光，太阳好像又升起了一次。如此循环往复，天上的太阳好像被黎明这个地点的美景深深吸引似的，流连忘返而不断来回穿行其间，一天3次日出日落。这就是所谓的"黎明黎光"奇景。

东风傈僳族乡

东风傈僳族乡属于丽江市永胜县，是丽江、大理、楚雄3个地州的结合部。南与大理宾州川县隔江相望，长胡须的树西与本县期纳镇、涛源乡毗邻，北与东山接壤。全乡总面积为488.1平

东风傈僳族乡傈僳族民居

东风傈僳族乡傈僳族村寨

方公里，辖9个村委会，66个村民小组，2003年末全乡总人口12 854人，有傈僳族、彝族、汉族、壮族等民族，其中傈僳族占全乡总人口的86.7%。

东风傈僳族乡境内最低海拔1 100米（格克河门口），最高海拔3 393米（东坪北端的西南伟山），地形复杂，气候特殊。地势北高南低，带状沟壑分布，属低纬度高原季风气候，年平均降雨量752.5毫米，年平均气温18.1摄氏度，年平均日照时数为9小时。全乡共有耕地17 782亩，其中水田2 304亩，旱地15 478亩。

松坪傈僳族彝族乡

松坪傈僳族彝族乡位于永胜县城西北部，距永胜县城54公里。东与光华乡毗连，南连大安乡以五郎河为界，西与古城区隔江相望，北与宁蒗县接壤，辖松坪、树底、米厘、岩头、上啦嘛、下啦嘛、永红、撒坝子共8个村委会、52个村民小组。

2007年末，全乡共有户数2 242户，总人口8 316人，少数民族人口7 850人，占全乡总人口的94.3%。

全乡辖区面积290.8平方公里，境内海拔1 300~3 570米，属低纬度季风区域，全乡大部分山区呈寒温带气候，河谷地区呈亚热带气候。

永胜县松坪傈僳族彝族乡

通达傈僳族乡

通达傈僳族乡位于华坪县西部，西北面分别与永胜、宁蒗两县交界，总面积1 517平方公里，海拔1 562~3 198.3米，相对高差1 636.3米。地势西北向东南倾斜，山高谷深，沟壑纵横。全乡辖通达、维新、双龙、丁王、白姑河等5个村民委员会48个村民小组。有傈僳、汉、彝、傣、壮、普米、白、回、纳西等9个民族，其中少数民族人口占全乡总人口数的72.1%，傈僳族人口为5 423人，占全乡总人口的63.2%。

通达傈僳族乡国土面积151.7平方公里，适宜种植蔬菜、水

稻、玉米、小麦、荞子、蚕豆、豌豆、红薯等农作物，经济作物以核桃、花椒、苹果、雪桃、樱桃、李子等为主。通达乡地形气候复杂，属山地寒温带气候类型，年平均气温11~16摄氏度，有霜期90~120天，年光照2 500小时左右。霜冻、暴风、冰雹等自然灾害频繁。境内有丰富的煤、花岗石、石膏等矿产资源。水能资源较为丰富。

在通达乡，最令人瞩目的是傈僳族独具特色的民间歌舞。唱歌、打跳、吹葫芦笙等是傈僳族人民与生俱来的天性和爱好，歌舞是他们生活中不可或缺的一部分，渗透进他们生产、生活的每一个细节。2000年，在中国民间艺术之乡命名暨现场经验交流会上，通达傈僳族乡被文化部命名为"中国民间艺术之乡"。

通达傈僳族乡远眺

通达傈僳族乡的白菜产业

永兴傈僳族乡

永兴傈僳族乡隶属华坪县，地处两省三县交界处，东与四川省盐边县交界，南与本县中心镇、船房乡毗邻，西与宁蒗县战河乡相连，北与宁蒗县跑马坪乡、蝉战河乡接壤。永兴，原名阿比

永兴傈僳族乡全景

里（老街），设在关山村。清光绪十九年（1893）老街被毁，后由姓郭名永兴者在大谷田村主持兴建了新街，人们就用郭永兴的名字命名新街，永兴也因此而得名。

全乡幅员面积314.6平方公里，其中山区占全乡总面积的95%，河谷区占全乡总面积的5%，海拔1 450~2 810米，地势西高东低。境内山高谷深，沟壑纵横，森林资源覆盖率高，蕴藏着丰富的煤炭资源、水能资源、森林资源。全乡辖永兴、习好、基度、安科、思木、马鹿、坝山7个村民委员会，47个自然村，131个村民小组，居住着傈僳、汉、彝、纳西等8个民族，2004年末总人口14 065人，其中少数民族人口4 731人，占全乡总人口的34%。

永兴傈僳族乡属亚热带气候，年平均气温16.1摄氏度，全年有霜期95天左右，年平均降雨量1 350毫米，年平均日照时数为2 566.1小时，热能136 217卡/平方厘米，年平均相对湿度70%。全年白天多盛行偏南风，夜间多盛行偏北风，平均风速1.8米/秒，日瞬间大风速达29米/秒。乡境内有煤、铁、铜、黑花岗岩、石灰岩等矿产资源；主要粮食作物有水稻、玉米、小麦、蚕豆和薯类；经济林果主要种植茶叶、花椒、竹子、青刺果、核桃、板栗、苦良姜等；养殖业主要养殖牛、羊、猪、马、鸡等畜禽。永兴傈僳族乡海拔高，气候牧场温暖，干湿明显，雨量充沛。永兴"乌木春"绿茶，品质好，供不应求。境内有永兴瀑布，位于永兴乡政府与思木村之间12公里处。瀑布顶部到底部高约120米，每逢雨季，瀑布从岩波罗半崖上犀牛洞里，以3立方米/秒左右的流量冲泻而下，气势雄伟壮观，游人为之倾倒，堪称华坪第一瀑布。境内有龙山庙，位于永兴三股水玉灵山，于1925—1932年修建。

苗尾傈僳族乡

苗尾傈僳族乡位于大理白族自治州云龙县西北部，总面积为422平方公里，辖表村、茂盛、松坪、科立、旱阳5个村委会，聚居着傈僳、白、汉、彝等10个民族。其中傈僳族2 913人，占全乡总人口的34%。

苗尾傈僳族乡是一个典型的山区乡，澜沧江由北向南纵贯乡境，整个地形沿澜沧江两岸形成一个立体"V"字形高山峡谷区。境内最高点为喇嘛枯山，海拔3 663米，最低点为小甸坡脚，海拔1 331米。境内受海拔高低差异和复杂地貌形态影响，

◀ 苗尾傈僳族乡远景

形成"一山分四季、十里不同天"的立体气候。干湿分明、雨热同季、干凉同季、冬春干旱是突出的特点。年平均气温18摄氏度，年平均降雨量629.8毫米，年平均日照2 115小时。主要灾害性天气有干旱、洪涝、低温和冰雹。

苗尾傈僳族乡自然资源丰富。有澜沧江支流小河17条，水能

理论蕴藏量5万千瓦。有板岩、石膏、铜、铁、铅锌等多种矿藏。有林地面积129 060亩,森林覆盖率达34.1%,活立木蓄积量近百万立方米,动植物种类繁多。支柱产业为粮食、畜牧、经济林果、矿电、建材。

苏典傈僳族乡

苏典傈僳族乡是德宏傣族景颇族自治州唯一的一个傈僳族乡,历史上是我国南方重要的边塞战略要地,是盈江县出入境的重要通道。地处盈江县西北部,距县城53公里。东与本县支那、盏西两乡接壤,南与勐弄、卡场两乡相接,西北与缅甸联邦山水相连。境内有7~14号界桩,国境线长43.3公里。全乡土地面积428平方公里。

全境地形略成三角形状。地形多高山峡谷、少平地;最高海拔2 800米,最低海拔640米,海拔差2 160米,平均海拔为1 700米。高低海拔的悬殊性,形成了苏典"一山分两季,隔里不同天"的独特气候。年平均气温13.3摄氏度,最高气温30摄氏度,最低温度零下4摄氏度,全年无霜期250天,年日照1 500~1 800小时,年积温3 500~4 000摄氏度,年均降雨量3 553.5毫米,年平均大风期为45天,属明显的寡日、低温、多雨、半年雨水半年霜的气候。

全乡辖苏典、勐嘎、劈石、茅草4个村民委员会、39个自然村、49个村民小组,共有居民1 957户、8 113人,其中傈僳族人

苏典傈僳族乡黄草坝

口占全乡总人口的70%。农作物主要有水稻、玉米、马铃薯、油菜、豆类、蔬菜。经济作物主要有草果、茶叶、核桃、橡胶、药材等。

苏典傈僳族乡傈僳族民居

乡内旅游资源丰富。有雄壮入云的大尖山、象脑山、摩天岭、木龙河四叠水大瀑布及黄草坝等旅游资源。还有丰富的水利资源,有大小河流7条,年平均流量1.05亿立方米。矿产有花岗石、石灰石、黏土、石英砂、铁等。自然原始生态环境保护较好,森林资源丰富,森林覆盖率达70%以上。动植物种类繁多,有白眉猴、长臂猿、穿山甲、狗熊、苏典黄草坝风光野鸡等国家级保护动物及各种具有药用价值的国家级保护植物。草场资源也很丰富,雨量充沛,适宜各种养殖业的开发。乡内土地宽广,有热区和冷区两大类型地块,4个村均与缅甸相毗邻,有通往缅甸的口岸通道若干条,中缅贸易往来频繁,极具发展潜力。

苏典乡得天独厚的自然景观和历史悠久丰富多彩的民族文化正待开发,许多中外游客身临苏典都为之拍手称绝。苏典口岸是云南省西北部通往缅甸、印度较近的一条通道,由苏典途经中缅8号界桩、龙塘、辉新、蚌瓦、西嘎坝、昔董坝可直接到达密支那,途中风光秀丽,令人流连忘返。美丽的天然景观还有黄草坝旅游景点、勐嘎河景点、神护关景点等。苏典乡民间风情浓郁,民族历史文化悠久,每逢节日,特别是阔时节、火把节和十月一日国庆节期间,芦笙、三弦、山歌响遍各地。尤其是一年一度在苏典乡文化广场举行的庆祝国庆节活动,隆重而热烈,吸引了不少中外游客前来参观。

新山傈僳族乡

新山傈僳族乡位于四川省首批民族文化生态保护区之一的龙肘山半山腰,是四川省傈僳族较集中分布的地方之一,是攀枝花

米易县新山傈僳族乡

市米易县唯一的傈僳族乡。全乡辖区面积787平方公里，辖4个行政村，42个村民小组，1 980户7 031人。其中傈僳族人口422户1 805人。

聚居于此的傈僳族人世代传承着傈僳族绚丽多彩的民族文化，原生古朴的民风民俗，为米易孕育出独特的人文风情和旅游资源。

每年的农历三月十二至十八日是新山傈僳族人的约德节，"约德"是约会的意思，约德节就是约会节。

新山傈僳族乡自然生态环境优美，是一颗养在深闺人未识的风景明珠。全乡山高谷深、沟壑纵横、绝壁万丈、泉水叮咚、山花怒放，具有原始、神秘、秀丽、幽静、妩媚、雄浑、奇绝等特点，天成地就，鬼斧神工，如诗如画。全乡海拔在1 100~3 300米，从安宁河谷至龙肘山山顶，有"一山分四季，十里不同天"的特殊气候。植物有阔叶林、混交林、针叶林、灌木林。其自然景观令人目眩，万亩杜鹃、千顷松涛、百丈幽谷、十里画廊、危岩飞鹰、神秘深箐、龙肘日出、苍茫云海、河谷金辉、白雪红日。特别是新山傈僳族乡的万亩杜鹃，当你到达海拔2 500米以后，你会惊奇地发现自己进入了杜鹃王国，春暖花开的季节（每年的4月初至6月底大约100天），色彩斑斓的杜鹃花怒放，在悬崖畔、水沟旁、山坡上，延绵不绝直到海拔3 300米的龙肘山顶，漫山遍野，争奇斗艳，山风吹来，花海如潮。

新山傈僳族乡的特色农产品有土鸡、土鸡蛋、山羊、土豆、核桃、蘑菇、蕨苔等。土鸡、山羊全是野外原始放养，土鸡肉、土鸡蛋、山羊肉鲜美细嫩。傈僳族自己腌制的酸菜酸美适宜，酸菜炖土鸡的味道更是鲜美无比。

南山傈僳族乡

南山傈僳族乡位于四川省凉山彝族自治州德昌县南部，东邻金沙乡、小高乡，西接宽裕乡，北抵六所乡。1957年建立南山乡，1959年调整行政区划，撤销南山乡，1962年复置南山乡，1972年改公社，1984年改建为南山傈僳族乡。面积39平方公里。人口有2 000多人，绝大部分是傈僳族。辖小南山、大田湾、杉木沟3个村民委员会。农业主产玉米、水稻、马铃薯，兼产木耳、花椒、核桃、油茶、烤烟。畜牧业以养牛、羊、猪及家禽为主。

德昌县南山傈僳族乡

该乡地势东高西低，沟谷纵横，海拔为1 400~2 595米。森林覆盖率达52.87%，耕地少，草坡多，宜牧。杉木沟村傈僳族养马蜂独具特色。

金沙傈僳族乡

金沙傈僳族乡位于四川省德昌县境东南部，面积74平方公

德昌县
金沙傈
傈族乡 ▶

里。成昆铁路和108国道穿境而过。辖观音堂、黄竹坝、王家坪3个村委会。农业主产玉米、水稻、小麦、马铃薯、甘蔗，兼产花椒、木耳、松脂、核桃、蘑菇。

德昌县金沙傈僳族与云南省怒江、丽江等地的傈僳族同源，但服饰上有一处特殊的区别，相传德昌县的傈僳族是清朝中期形成的，女性裙上横绣水波纹，裙前有一块10厘米见方、不绣花纹、断开的裙门布，是德昌傈僳族与其他地方傈僳族区别的主要标志，意为这部分傈僳族当初远迁德昌时，与族人因一江之水而隔断，傈僳族当时无文字，于是在服饰上做此标志。

德昌县金沙傈僳族的传统生产生活等习俗保存完好，至今他们仍保留着用苞谷楼晾晒苞谷的习俗，每年正月初五要杀公鸡献祭苞谷楼，祈求来年苞谷更加丰收。德昌傈僳族人吃的干巴菜，保持了十分浓郁的民族特色，每到冬天就将青菜稍晾晒后，被编如发辫，挂于村寨的屋梁等处，待来年青黄不接时，摘下来洗净切好，可炒、可煮，为佐餐佳品。德昌金沙傈僳族还保存着织麻布的古老习俗，白麻布仍是女性百褶裙的当家布料，因而德昌金沙傈僳族女性种麻、晒麻、捻麻、纺线、织布、做衣仍旧盛行。

箐河傈僳族乡

箐河傈僳族乡属于四川省攀枝花市盐边县，是四川和云南两省相交地，是连接攀枝花到西藏自治区的必经之路。面积105平

盐边县箐河傈僳族乡

方公里，辖箐河、箐山、作坊、石龙4个村委会。

　　箐河傈僳族乡具有丰富的铜、锌、铁等矿产资源和古老的文化，自然风光更是美不胜数，有"上山见古树，下河见清湖"的美称。箐河盛产各种农作物，是蚕桑养殖基地。

东山傈僳族彝族乡

　　东山傈僳族彝族乡位于永胜县城东南88公里，东与楚雄彝族自治州大姚县隔江相望，南与东风傈僳族乡山水相连，西与程海镇接壤，北与六德、仁和相邻，地势西高东低，海拔1 100~3 390米，相对高差2 290米，山高谷深，形成典型的立体气候，年平均气温13.8摄氏度，年降雨量1 220毫米，总面积379.2平方公里。

　　全乡辖牦牛坪、东山、向阳、河东、东江5个村民委员会，42个村民小组，70个自然村。至2008年末，少数民族人口7 158人，主要以傈僳族、彝族等少数民族为主，其中傈僳族4 199人，占全乡总人口的57.58%，彝族2 959人，占全乡总人口的40.57%，其他民族135人，占全乡总人口的1.85%。

　　东山傈僳族彝族乡地处高寒山区，全乡依托山多的特点，提出了建设"绿色东山、特色东山"的发展目标，大力发展了以核桃和花椒为主的经济林果。白芸豆种植也是东山乡的主要经济来源之一，全乡通过大力推广种植白芸豆，增加了群众收入。中药

第十一章　民族区域自治

东山傈僳族彝族乡民俗表演

材种植是东山傈僳族彝族乡的一项新兴产业，乡人民政府在巩固粮食产量的同时，积极创新思路，调整优化农业种植结构，大力引进秦芄、木香、桔梗、当归等中药材品种在全乡推广种植，已成为东山增加农民收入的又一条新途径。

光华傈僳族彝族乡

光华傈僳族彝族乡位于永胜县西北部，东北与宁蒗彝族自治县接壤，南与金官镇相连，东与松坪乡相邻。总面积170.2平方公里，海拔在1 600~3 200米，年平均气温11.88摄氏度。境内地势北高南低，山高箐深，河谷交错，发源于宁蒗彝族自治县的金沙江及其支流五郎河横贯全乡。

光华傈僳族彝族乡居民以少数民族为主，至今还保留着少数民族烧火塘的生活习俗，民风淳朴，民众热情好客。每年农历六月二十四日过火把节，是本地一大特色。这一天人们都穿着盛装，载歌载舞，欢庆自己的节日。在新民地角坪和水井上、下红岩的傈僳族信仰基督教，过有关的各种节日，成为本地的又一特色。

全乡海拔高差大，气候差异也大，形成典型的立体气候、立体农业。粮食作物产水稻、玉米、小麦、蚕豆、洋芋等，经济作物有烤烟、中药材等，经济林果有核桃、苹果等。有广阔的山

地、草场资源，发展畜牧业和中药材产业具有较好的优势。光华傈僳族彝族乡在楼海、海联、柯乐、水井4个山区村委会引进良种中药材品种，推广扩大种植面积，形成以木香、秦艽等中药材辅以白芸豆、脱毒洋芋种植、黑山羊养殖为主的产业结构链。在光华、光明两个河谷村，大力发展冬早蔬菜产业，力争把这两个村建设成该乡的冬早蔬菜基地。在光华傈僳族彝族村委会发展种植朝鲜蓟、花卉及稻田养鱼产业，并获得了较高的收益，正在逐步扩大规模。在新生、新民两个村大力发展烤烟产业，力争把光华傈僳族彝族乡建设成为永胜县的万担烟叶基地。以水井青椒协会为依托，加大青椒产业发展力度，并在各山区村委会推广，把青椒作为农民增收的一个支柱产业来扶持。

光华傈僳族彝族乡村貌

光华傈僳族彝族乡四里桥

新庄傈僳族傣族乡

新庄傈僳族傣族乡位于华坪县西南部，全乡幅员总面积276.6平方公里，辖新庄、天星、良马、边凹、腊么、德胜、八德7个村委会，140个村民小组，居住着傈僳族、汉族、傣族、苗族、

新庄傈僳族傣族乡新农村面貌

回族、壮族、彝族、白族、藏族、纳西族10个民族。2006年末，全乡共有17 359人，少数民族人口有7 475人。境内最高海拔2 845米，最低海拔1 185米，年均降雨量1 100~1 300毫米，全年无霜期超过320天，年均气温16~19.8摄氏度，是华坪县的立体农业科技强乡、休闲娱乐小水电民营经济区和烤烟种植大乡。

新庄傈僳族傣族乡经济发展主要以农业为主，包括烤烟、冬早瓜菜、经济林果和畜牧、水产养殖等产业。全乡有耕地面积19 470亩，其中水田8 346亩、旱地11 124亩，人均耕地面积1.3亩。主要种植烤烟、核桃、西瓜、竹子、花椒、水稻、玉米等作物。林地91 876亩，其中经济林果地37 181亩，主要种植核桃、花椒、柑橘等经济林果。水面面积5 748.4亩，其中养殖面积1 687.85亩。草地765 454亩。荒山荒地43 647亩。其他面积6 625亩。

新庄傈僳族傣族乡水果

船房傈僳族傣族乡

　　船房傈僳族傣族乡位于丽江市华坪县城东北部，东及东北面与四川省攀枝花市盐边县惠民乡、强胜乡、江西乡接壤，南邻本县兴泉镇，西北面与本县永兴乡和中心镇交界。全乡辖船房、华荣、灰窝、嘎佐4个村民委员会、78个村民小组，有傈僳族、傣族、回族、彝族、纳西族等10多个少数民族。2004年末全乡总人口10 005人，其中傈僳、傣、回、彝等10个少数民族共有3 229人，占全乡总人口的32.3%，傈僳族2 497人，傣族495人。船房傈僳族傣族乡是县内典型的少数民族乡。全乡辖区面积173.6平方公里，其中山区面积占全乡总面积的95%，河谷区占全乡总面积的5%。地势西高东低，最高海拔（华荣村光头山顶）2 763米，最低海拔（灰窝塘房乌木河入川处）1 232米，相对高差1 531米，立体气候明显，河谷属高原谷地亚热带干燥气候，山区

船房傈僳族傣族乡全貌

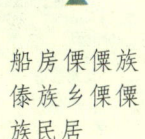

船房傈僳族傣族乡傈僳族民居

属亚热带半湿润气候，干湿两季分明。

船房傈僳族傣族乡年平均气温18.4摄氏度，年平均降水量1 080毫米，适宜种植玉米、稻谷、小麦等农作物，有花椒、蚕桑、茶叶、核桃、枇杷、柿子、柑橘等经济林果，有丰富的水能资源和荒山荒坡资源，有煤、花岗岩和石灰岩等矿产资源。

翠玉傈僳族普米族乡

翠玉傈僳族普米族乡位于丽江市宁蒗彝族自治县，东与本县红桥乡相邻，南与本县金棉乡拖脚村相连，西与丽江市玉龙县的鸣音乡、宝山乡隔江相望，北与永宁、拉伯毗邻。全乡总面积617.6平方公里，辖6个村委会，67个自然村，居住有傈僳、普米、彝、汉、藏等民族，总人口14 712人。

全乡位于绵绵山脉之间，平均海拔2 240米，年平均气温13.4摄氏度，年平均降雨量900毫米，最高海拔4 510.3米，最低海拔1 600米，山高谷深，高低悬殊，呈立体型气候，可谓"一山有四季，隔里不同天"。江边河谷地带主产水稻、玉米、小麦；半山区主产玉米、小麦、荞子；高寒地区主产荞子、燕麦、马铃薯，是本县的主要产粮区之一。该乡还出产贝母、虫草、五味子、茯苓等多种野生药材，盛产黄果、核桃。

翠玉傈僳族普米族乡远眺

钟英傈僳族彝族乡

钟英傈僳族彝族乡位于云南大理白族自治州宾川县东北部，东与楚雄彝族自治州大姚县隔江相望，南与本县平川镇、古底乡接壤，西与丽江市永胜县片角镇毗邻，北与金沙江相隔并与永胜县东风乡遥相呼应，是三州三县的交叉结合部，是典型的"一鸡鸣三州"之地。

全乡国土面积292平方公里，辖6个村委会、74个村民小组，居住有汉、彝、傈僳、白、拉祜、傣6个民族。其中少数民族人口5 582人，占全乡总人口的56.8%。各民族人口分布情况是汉族4 253人，占全乡总人口的43.2%；傈僳族3 438人，占全乡总人口的35%；彝族1 880人，占全乡总人口的19.1%；白族35人，占全乡总人口的0.4%；其他少数民族229人，占全乡总人口的2.32%。傈僳族主要分布在唐古地、芝麻登、赵卡拉3个村委会。

▲ 钟英傈僳族彝族乡全貌

钟英傈僳族彝族乡山高坡陡箐深，最高海拔3 218米，最低海拔1 100米，地域宽广。北部有金沙江绕境而过，形成了独特的干热河谷气候。由北到南地势陡然升高，致使东南、西南两部地处崇山峻岭之中，形成典型的立体性气候。多元性气候再加上特殊的地理位置，形成了丰富的特产环境，适宜药材业发展。全乡境内的特产主要有宝丰寺的优质蜂糖梨，萝卜、青菜等无公害蔬菜，含蛋白较多的西山核桃，肉质优良的纯种黑山羊，香醇的鲁崩山小甑酒等。矿产资源主要有煤炭、磁铁矿等。农作物主要有水稻、小麦、玉米、豆类、薯类等。经济作物有烤烟、香叶、花生、油菜、水果、蔬菜等。畜牧业以牛、羊、猪为主。

▲ 钟英傈僳族彝族乡蜂糖梨

六德傈僳族彝族乡

六德傈僳族彝族乡位于永胜县永北镇东南部，东与华坪县相邻，南与东山乡相连，西与永北镇接壤，北与宁蒗县马鹿塘毗邻，总面积330.8平方公里。辖六德、双河、营山、玉水、北华、团结、华祝、河腰8个村民委员会，88个村民小组。

六德傈僳族彝族乡属亚热带河谷至寒温带气候，最高海拔3 205米，最低海拔1 400米，乡政府驻地海拔1 800米，年平均气温16.2摄氏度，年均降雨量788.4毫米。主要有煤矿、水能、石料、野生菌等矿产资源和自然资源，森林覆盖率为43.7%。主要河流为金沙江支流他留河、马过河，丰水年平均流量为10.1立方米/秒，枯水年平均流量为5.7立方米/秒。他留河、马过河常年流量较大，加上六德傈僳族彝族乡特有的高山深谷地貌，河流落差巨大，蕴藏着丰富的水能资源。

世居六德双河、云山、玉水他留山的他留人拥有自己独特的文化——他留文化，1998年他留文化的杰出代表——他留人古城遗址和墓地（他留坟林）被列为云南省重点文物保护单位，这是他留人在明清之际吸纳融合汉文化的杰作。同时，他留人完好保存着本部落、本族群的古老土著传统，被称为"民族文化瑰宝"。神秘的他留人备受中外专家学者和有识之士的关注。他留山的保护与开发已列入全县旅游业开发的重点之一。

湾碧傣族傈僳族乡

湾碧傣族傈僳族乡位于楚雄彝族自治州大姚县城北部的金沙江南岸、百草岭北麓，是一个聚傣、傈僳、彝、白、苗、汉6种

湾碧傣族傈僳族乡

民族为一体的"民族大家庭",在557平方公里的乡域面积上,分布着13个村委会,辖143个村民小组,总人口17 581人,其中少数民族人口占全乡总人口的70%。

湾碧傣族傈僳族乡地处两省、两州、三县、五乡的交界处,是楚雄州6个少数民族乡之一,也是大姚县唯一的少数民族乡。因其独特的地理位置及浓郁的民族风情,素有"彝州小版纳"之称,是传说中"青哥"与"红妹"的故乡。一年一度的"窝巴节"傣语,意为鱼的聚会,即泼水节。及"国际长江漂流节"成为各民族交往、交流的大舞台,吸引着无数客商游客与专家学者。每年农历三月七日窝巴节期间常举行大型物资交流会,还有民族文艺表演及群众性互祝泼水活动,在金沙江边举行划龙船、射弩、祭鱼等活动,极富地方特色。近两年来该乡与攀枝花市西区人民政府合办国际长江漂流节,节日期间惊心动魄的速划比赛、精美绝伦的民族工艺品展销、激情绽放的篝火狂欢夜等活动,逐渐培植出一条独具特色的金沙江民族特色旅游线路,成为湾碧傣族傈僳族乡第一道亮丽的风景线。

木城彝族傈僳族乡

木城彝族傈僳族乡位于云南龙陵县南部,属于山区,东与平达乡、镇康县相连,西与潞西市中山乡相邻,北与象达乡相连,南与缅甸果敢县幕太乡隔江相望,有国境线19.71公里。全乡辖5

◀ 木城彝族傈僳族乡村貌

第十一章 民族区域自治 171

个村民委员会，51个村民小组，总人口8 755人。全乡国土面积226平方公里，最高海拔2 721米，最低海拔535米，年平均气温18摄氏度，年降雨量1 100~1 400毫米。适宜种植水稻、包谷、甘蔗、烤烟、咖啡、木薯等农作物。

全乡有耕地总面积26 286亩，其中水田7 021亩、旱地18 355亩、轮歇地4 004亩、临时性耕地910亩、人均耕地3.1亩。拥有林地208 575亩，其中经济林木12 138亩。有草山地15 000亩，荒山荒地3 000亩，森林覆盖率达64%。木城彝族傈僳族乡立体气候明显、雨量充沛、物种丰富，适宜种植粮食作物和经济作物。经济林木有柚木、核桃、台杉、秃杉、西南桦、云南松、果松等。

军赛佤族拉祜族傈僳族德昂族乡

军赛佤族拉祜族傈僳族德昂族乡位于临沧市镇康县东南部，是镇康、永德、耿马三县的结合点，全乡版图面积186.18平方公里，最高海拔2 978米，最低海拔530米，气候差异性大，立体性较强。

民族园

全乡辖军赛、忙吉利、岔路、彩靠、中厂、南榨6个村委会、42个自然村、68个村民小组，总人口12 538人。居住着汉、佤、拉祜、傈僳、德昂等11个民族，少数民族人口有5 149人，其中佤族1 573人、拉祜族1 153人、傈僳族1 036人、德昂族734人，少数民族人口占全乡总人口的41%，是中国西南边陲的一个民族乡，也是云南省唯一有4种主体民族的民族乡。

南汀河穿境而过，有硝塘河、彩靠河、南榨河3条河流，三河并流。坝区农作物可一年两熟或三熟，最适合种植橡胶。山区土地面积广，最适宜种植核桃、茶叶。农民收入主要以种植粮食、橡胶、核桃、茶叶为主，收入渠道单一。

军赛佤族拉祜族傈僳族德昂族乡的特色产业布局是海拔1 100米以下有橡胶20 000亩，1 100~1 400米有蔗园6 000亩，1 400~1 800米有核桃20 000亩，1 800米以上有以草果为主的中药材1 000亩。两大特色产业"金腰带"：一是以坝区三村为中心，全力提升橡胶产业；二是以山区三村为中心，全力打造核桃产业，逐步形成覆盖山区和坝区的两大产业"金腰带"。目前已建成橡胶基地17 000亩、核桃基地5 000亩、甘蔗基地5 000亩。南汀河牌标准胶销往省外，红庆牌红粉糖远销日本。

第十二章
研究机构

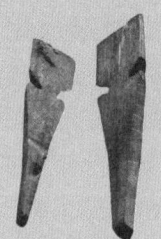

民族学意义上的傈僳学研究可以追溯到20世纪30年代，陶云逵先生所著的《碧罗雪山之傈僳族》堪称开典之作。随着傈僳族专家学者不断成长，越来越多的傈僳人感到文化在民族发展中的重要作用。1993年成立了云南省民族学会傈僳族研究委员会，从此傈僳族有了自己的学术社团组织。2009年，云南民族大学傈僳学研究中心成立，明确提出构建傈僳学学科体系。2013年，中国人类学民族学研究会傈僳学专业委员会的成立，标志着傈僳学研究进入了全国的民族学人类学研究行列。

高校研究机构：
云南民族大学傈僳学研究中心

　　云南民族大学傈僳学研究中心于2009年5月11日经云南民族大学第十次校长办公会议同意批准成立，于2009年12月12日正式成立。云南民族大学傈僳学研究中心是隶属于云南民族大学的一个学术研究机构，是目前我国高校唯一以傈僳族为研究对象的专门学术研究机构。2011年被评为云南民族大学"优秀科研机构"。

　　现任主任为鲁建彪教授，常务副主任秦丽辉，副主任张健、侯兴华、谷艳。下设综合部、课题规划部、学术研究部、傈僳语翻译部、《傈僳学研究》编辑策划部等部门。创建有盐边县金谷公司傈僳族文化研究基地、丽江东巴谷傈僳族文化传承基地、维西傈僳文化研究基地、永平傈僳文化传承基地和中心官方网站——中华傈僳学网。

　　中心先后出版著作有《傈僳学创建与傈僳族发展》《民族社会学研究》《傈僳学资料丛刊》（第一辑）和《傈僳族民间艺人荟萃》等。

　　先后举办国际学术会议——国际人类学与民族学联合会第16届世界大会专题"傈僳学创建与傈僳族发展"、首届中国傈僳学学术研讨会和第二届中国傈僳学学术研讨会等重要会议。对传承保护和弘扬傈僳文化做出积极贡献，是全国傈僳学研究的核心和

◀ 云南民族大学傈僳学研究中心成立大会合影

傈僳学研究中心座谈会

> **知识链接**
>
> "傈僳学创建与傈僳族发展"专题会议简介 "傈僳学创建与傈僳族发展"学术会议是国际人类学与民族学联合会于2009年7月25—31日在中国云南昆明举行的第十六届世界大会专题会议之一。该学术专题会议有来自中国、缅甸、泰国和美国等四个国家共计40多名专家学者参会,有18篇学术论文进行交流。专题主席鲁建彪教授在会上做了题为《论傈僳学及其理论体系构建》的主题报告,首次明确提出了"傈僳学"这一概念,标志着傈僳学的诞生,具有极其重要的历史意义。此次会议被视为是傈僳族文化发展史上具有里程碑意义的盛会。

权威机构。中心将有关傈僳学研究最新成果汇集成《傈僳学研究》,每年公开出版1辑,已共计出版4辑。

官方研究机构:
维西傈僳族自治县傈僳学研究所

维西傈僳族自治县傈僳学研究所,成立于2011年12月,机构编制共计6人(专业技术人员5人,工勤人员1人)。现任所长为余海忠。

主要职责任务:做好傈僳族和傈僳族地区历史与文化、民族艺术、民族社会发展、民族经济、民族人文旅游资源、民风民俗的研究、保护、传承和收集整理工作;开展傈僳族文字翻译和傈僳族文字的科普读物、政策法规等宣传材料的翻译、出版发行等

余海忠
所长

工作；编辑、编译、编审自治县傈僳文板报、新闻广播等工作。

成立至今，研究所参与和参加了在县内外举办的各项相关活动，特别是组织参加了傈僳族音节文字软件的开发，并取得了成功。目前正在组织编写《傈僳族音节文字读本》等。

维西傈僳族自治县傈僳学研究所全体人员

学术社团组织

中国人类学民族学研究会傈僳学专业委员会

中国人类学民族学研究会傈僳学专业委员会，简称中国傈僳学专业委员会，英文译名China Lisu Ethnic Studies Commitee，（缩写为CLESC）。于2013年7月22日由中国人类学民族学研究会批准成立，同年8月29日在维西傈僳族自治县隆重举行成立大会。

中国傈僳学专业委员会是由全国民族学、人类学、傈僳学等领域的科研机构、专业性组织及专家、学者、行业工作者等自愿结成的非营利性社会学术团体组织,是傈僳族唯一的全国性学术社团。旨在推动全国傈僳族文化的保护与传承,推动傈僳学研究工作的蓬勃发展。本会在宪法和法律、法规允许的范围内开展活动,并指导全国各级傈僳族学术研究社团组织开展学术研究。

现任名誉主任为怒江傈僳族自治州人民政府州长李四明,名誉副主任为维西傈僳族自治县人民政府县长余春桥,现任主任为云南民族大学鲁建彪教授,常务副主任为民族出版社汉文编辑二室主任欧光明编审,副主任杨文顺、秦丽辉、毕跃光、侯兴华,秘书长余文兵,副秘书长达坡玛吉、王春、李月英、张健、李徽、李智环、余建国、谷艳、木志芳、余在富、晏妮、张宏宏、祝军、和玉庭、寸炳、朱丽凡、赵健霞、李贵明、白光银。

中国傈僳学专业委员会会址设在昆明市云南民族大学内,秘书处设在云南民族大学傈僳学研究中心(合署办公)。下设办公室、财务部、人事部、学术部、调研部、文化产业部、编辑部、网络中心。先后设立维西傈僳文化研究基地,永平傈僳文化传承基地等。会刊《傈僳学学刊》(省级内刊),于2013年创刊。

其他研究团体

名称	成立时间	领导人员	内部刊物
云南省民族学会傈僳族研究委员会	1993年12月	会长 邱三益 名誉会长 胡应舒 常务副会长 和志阳 朱发德 秘书长 和志阳	《傈僳族研究》
云南省丽江傈僳文化研究会	2008年12月	会长 和文琴 名誉会长 杨培高 秘书长 杨永忠	《丽江傈僳文化》
云南省保山市傈僳族研究会	2009年7月25日	会长 胡应舒 常务副会长 余忠友 秘书长 余在富	《傈僳风采》
云南省德宏傣族自治州傈僳族发展进步研究学会	2008年7月	会长 杨丽云 秘书长 浩凤章	
云南省华坪县傈僳文化研究会	2010年11月	会长 谷学洪 秘书长 吴顺才	《华坪傈僳文化》
云南省云龙县傈僳族学会	2005年1月	会长 李洪义 秘书长 杨雄彪	

续表

名称	成立时间	领导人员	内部刊物
云南省盈江县傈僳族学会	1998年12月	会长 余梅 秘书长 张智忠	
云南省维西傈僳族发展研究会	2009年10月	名誉会长 蔡武成 会长 李自强 秘书长 余建国	《维西傈僳族发展研究》
云南省福贡县傈僳族研究会	2010年5月	会长 余跃华 常务副会长兼秘书长 胡玉来	
四川省盐边县傈僳族研究会	2010年4月	会长 谷万里 副会长兼秘书长 李子德	《傈僳人》
四川省德昌县傈僳族学会	2009年1月	会长 李文华 秘书长 张华生	
云南省永平县傈僳族协会	2004年1月	会长 余荣秀 秘书长 张锋	
云南省梁河县傈僳族发展进步研究会	2012年5月	会长 段生平 秘书长 余保留	
云南省陇川县傈僳族发展进步研究学会	2013年8月	会长 董宝强 秘书长 栋二	
云南省禄劝县傈僳文化研究会	2013年12月20日	会长 张顺英 秘书长 李宗文	
云南省泸水县傈僳族研究会	2013年12月20日	会长 八化益 秘书长 波四合	
楚雄彝族自治州傈僳学会	2013年12月21日	会长 虎有清 秘书长 张炳亮	

参考文献

1. 欧光明. 中国傈僳族. 银川：宁夏人民出版社，2012
2. 鲁建彪. 傈僳学资料丛刊（第一辑）. 昆明：云南民族出版社，2013
3. 〔清〕乾隆朝. 皇清职贡图. 卷7
4. 《傈僳族简史》编写组. 傈僳族简史. 昆明：云南人民出版社，1983
5. 怒江傈僳族自治州《傈僳族民间故事》编辑组. 傈僳族民间故事. 昆明：云南人民出版社，1984
6. 夏承政. 金花结果亮晶晶. 北京：中国文史出版社，2010
7. 《中国各民族宗教与神话大词典》编审委员会. 中国各民族宗教与神话大词典. 北京：学苑出版社，1993
8. 木玉璋. 傈僳族语言文字及文献研究（1~3）. 北京：知识产权出版社，2006
9. 杨春茂. 傈僳族民间文学概论. 昆明：云南教育出版社，2002
10. 祝发清等. 傈僳族民间故事选. 上海：上海文艺出版社，1995
11. 禄劝民间故事（内部编印本）

后记

　　早些时候，辽宁民族出版社的白兰英老师要我们写一本有关傈僳族知识的宣传普及读物，我们也正好想写这样一本小册子，于是就把事情应承下来了。没想到的是，我们各自的工作却越来越忙碌，迟迟未能动笔。现在，我们终于将小册子呈现在读者面前，但不足之处在所难免，请读者朋友提出宝贵意见，以便我们修正。

　　感谢辽宁民族出版社的领导为增进我国各民族的相互了解和团结所付出的努力；感谢本书责任编辑白兰英老师，她的敬业精神和为书稿的早日出版所付出的辛劳给我们留下了美好而深刻的印象；感谢在本书稿校订中帮助工作的王孔燕同学；也感谢云南民族大学傈僳族研究中心为本书提供丰富的图片。

作　者

2014年12月6日